Meister Eckhart

Gottesgeburt
Mystische Predigten

Meister Eckhart

Gottesgeburt

Mystische Predigten

Herausgegeben, übersetzt
und kommentiert von
Günter Stachel

Kösel

Mit 13 Textfragmenten aus den mittelhochdeutschen Handschriften der Texte von Meister Eckhart:

Predigt 17, Universitätsbibliothek Basel, Mscr. B IX 15, 14. Jh., f. 37^V-*Abb. 1, S. 16*; f. 39^R-*Abb. 2, S. 23*; f. 42^R-*Abb. 3, S. 31*.

Predigt 83, Stiftsbibliothek Einsiedeln, E2 Doc 278 (1040), Mystische Schriften, 14. Jh., f. 415-*Abb. 4, S. 43*; f. 412-*Abb. 5, S. 49*; f. 416-*Abb. 6, S. 58*.

Predigt 30, Bayerische Staatsbibliothek München, M2 CGM Hs. 365, aus dem Kloster Tegernsee, 1464, f. 191^R-*Abb. 7, S. 78*; f. 192^R-*Abb. 8, S. 82*; f. 194^V-*Abb. 9, S. 91*.

Predigt 12, Stiftsbibliothek Einsiedeln, E1 Cod 277 (1014) Mystische Schriften, 14. Jh., f. 208^V-*Abb. 10, S. 103*; f. 207^V-*Abb. 11, S. 111*.

Predigt 6, Bayerische Staatsbibiliothek München M 2 CGM Hs. 365, aus dem Kloster Tegernsee, 1464, f. 174^V-*Abb. 12, S. 120*; f. 178^V-*Abb. 13, S. 133*.

ISBN 3-466-20446-1
© 1999 by Kösel-Verlag GmbH & Co., München
Printed in Germany. Alle Rechte vorbehalten
Druck und Bindung: Kösel, Kempten
Umschlaggestaltung: Elisabeth Petersen, München
Umschlagmotiv: Ausschnitt aus dem Bild von Giotto, Franziskus in Extase, © Archiv für Kunst und Geschichte GmbH, Berlin

1 2 3 4 5 · 03 02 01 00 99

Gedruckt auf umweltfreundlich hergestelltem Werkdruckpapier (säurefrei und chlorfrei gebleicht)

Inhalt

Vorwort 9

Meister Eckhart –
Sohn »In Gottes Herzen« 9

I
Gottes eigen werden 19

Predigt 17 19
1 Übersetzung des Textes 19
2 Interpretation 25
   Einleitung 25
   Auslegung 26

   Gott und Seele – unaussprechlich 27 / All-Einheit in Gott 30

3 **Zusammenfassung:** Das Wunder des Seelengrundes 35

II
Ungewordenes reines Sein 39

Predigt 83 39
1 Übersetzung des Textes 39
2 Interpretation 45

Einleitung............................... 45
Auslegung............................... 46

> Gott und Seele sind gleich 47 / Schweigt und lasst das Gekläff von Gott! 48 / Ich und Gott werden »Einer« 52

3 Zusammenfassung: Einheitsmystik in höchster Form................................... 56

III
KREATUREN ALS GOTT 59

PREDIGT 56 59

1 Mittelhochdeutscher Text nach Pfeiffer 59
2 Übersetzung des Textes................... 59
3 Interpretation........................... 67

Vorbemerkungen............................ 67
Einleitung................................ 68
Auslegung................................ 69

> Gott als Schöpfer – er »macht einen Gleichen« 69 / Der Unterschied zwischen Gott und Gottheit 71 / Innerer - innerster Mensch. Das Spiegel-Gleichnis 72 / Ausfluss aus der Gottheit – Wiederdurchbrechen zu ihr 74 / Schluß: Hörer und Wirkung 76

4 Zusammenfassende Gedanken: Schweigende Gottheit 77

IV
GOTT IST IN ALLEN DINGEN 79

PREDIGT 30 79
1 Übersetzung des Textes 79
2 Interpretation 86

Einleitung 86
Auslegung 87

> Der inhaltliche Aufbau 87 / »Ein Wunder« 87 / Gott gebiert Dich 87 / Wortgeburt: Im Innigsten und Höchsten der Seele 89 / Dass der Mensch Gott werde 90 / Empfange Gott in allen Dingen 92 / Schluss: Richte dein Haupt auf 94

3 **Zusammenfassende Gedanken:** Abgeschieden und erhaben über alle Dinge 96

V
Ein AUGE, *eine* SEHKRAFT, *ein* ERKENNEN, *ein* LIEBEN 99

PREDIGT 12 99
1 Übersetzung des Textes 99
2 Interpretation 107

Vorbemerkungen 107
Auslegung 109

Ewige Weisheit 109 / Mensch nicht anders als Gott 109 / Es ist Eins und eine lautere Einung 112 / Alle Dinge sind Gott selber 113 / Mein Auge und Gottes Auge, das ist ein Auge 115

3 Schlussbemerkung: 117

VI
Ein LEBEN, *ein* WESEN UND *ein* WERK 119

PREDIGT 6 119

1 Übersetzung des Textes 119
2 Interpretation 127

Vorbemerkungen 127
Auslegung 129

Der Gerechte und die Gerechtigkeit 129 / Aus sich selbst ganz ausgehen 130 / Exkurs: Gottes Sein ist mein Leben 134 / Leben in Ewigkeit bei Gott 135 / Gott gebiert mich als sich 136 / Schluss: Zu Gottes Feuer geworden 139

3 Abschließende Bemerkungen 141

ANMERKUNGEN 143

Vorwort

Meister Eckhart – Sohn »in Gottes Herzen«

»Das innere Werk empfängt und schöpft sein Wesen nirgend als von und in Gottes Herzen. Es empfängt den Sohn und wird als Sohn geboren in des himmlischen Vaters Schoß« (Das »Buch der Göttlichen Tröstung«, 41,1-3).

So spricht Eckhart unser Sohn-Sein am klarsten, entschiedensten und schönsten aus. Er kündigt an, dass er darüber im folgenden Buch mehr sagen werde: »Von dem, wie das Innerste und das Oberste der Seele schöpft und empfängt, Gottes Sohn (zu sein) und Gottes Sohn zu werden *in des himmlischen Vaters Schoß und Herzen*, das suche nach dem Ende dieses Buches, wo ich schreibe › von dem edlen Menschen...‹ «.

Dazu ist es freilich nicht mehr gekommen, denn im »Vom edlen Menschen« ist allerhand anderes geschrieben, nur eben dieses nicht. Den Grund nennt Eckhart am Ende des »Buches der göttlichen Tröstung«: »Mancher grobe Mensch wird sagen, dass viele Worte, die ich in diesem Buch ... geschrieben habe, nicht wahr seien ... Mir genügt es, dass in mir und in Gott wahr ist, was ich spreche und schreibe« (60,5-7;

13f.). Kommende Anfeindung, ja der Kölner Inquisitionsprozess, wie Verurteilung (und Tod?) in Avignon unter Johannes XXII. ziehen hier bereits auf wie dunkle Wolken. Es galt als »nicht wahr« zu sagen, dass wir »in des himmlischen Vaters Schoß und Herzen« (44,28-45,1) geboren seien.

Eckhart wiederholt diese Formulierung nicht. In Predigt Pfeiffer IV (vorgesehen für DW 4) redet er vom Menschen als »Gottes Werk«. Der Mensch wird »in Gott zurückkehren«. In dem schönen »Spiegelgleichnis« wird entfaltet, wie er die (göttliche) Sonne widerspiegelt und sie ihn durchleuchtet, so wie die Sonne die klare Luft durchleuchten muss.

Eine Durchsicht des Gesamts der bereits edierten Predigten Eckharts wird in vier Predigten fündig – es sind die Nummern 12, 17, 30 und 83. Predigt 12 wird mit 16 Zitaten im Kölner Inquisitionsprozess inkriminiert, galt also als höchst anstößig. Die Predigt knüpft an die Preisgabe des Denkens in den Kategorien des Aristoteles an: Körper(lich)keit), Mannigfaltigkeit (Zahl), Zeit(lichkeit). Sie wurde von uns auch in der Übersetzung und Interpretation von Predigt 1 vorgestellt: »Eigenschaft (...), Zeit und (...) Zahl« sind wie »die Tauben«, die man im Tempel »feilhielt«. »Dies ist nicht böse, und doch bringt es Behinderung, die ganze Wahrheit (zu erkennen)« (DW 1,8f.; 11f.). »Bei diesen Werken sind sie gehindert, die allerbeste Wahrheit (zu erkennen), dass sie frei und ledig sein sollten, wie unser Herr Jesus Christus frei und ledig ist und sich empfängt allezeit neu, ohne Unterlass und ohne Zeit von seinem himmlischen Vater und sich in dem selben Nun ohne Unterlass vollkommen wieder eingebiert mit dankbarem Lobe in die väterliche Hoheit in einer gleichen Würde« (11,5-10). »Frei und ledig« sind Worte, die in der ersten Hälfte der »Reden der Unterscheidung« inhaltlich bestimmend sind.[1] »Ledig« begegnet zwanzigmal (nach meiner Auszählung; nach Quint, Wörterverzeichnis, nur viermal!), »*vrî*« (nach Quint, von mir nicht kontrolliert) sechsmal. Diese Lehre wird nun in Predigt 1 wiederholt. Aber welchen theologischen Reichtum und welche Bedeutung hat sie dazugewonnen: »Unser Herr Jesus Christus« (feierliche, seltene Formel!) empfängt das »allezeit neu ohne Unterlass«, »gebiert« sich dabei ein »in die väterliche Hoheit in einer gleichen Würde« »in dem selben Nun« (11,5-10). Erst durch »Jesus Christus« wird sichtbar, welche unermessliche Bedeutung Ledig-Sein und Frei-Sein finden sollen, wenn Jesus Christus sie in seinem Leben und Sterben realisiert und in seiner Auferweckung als Geschenk empfängt.

Predigt 6 sagt, dass dies auch uns zuteil werden soll: Auch diese Predigt erregte höchsten Anstoß. Sie wird im Kölner Prozess elfmal zitiert, im »Gutachten« für Avignon viermal. In drei Artikeln der Bulle (8, 9, 10) wird sie ausdrücklich verurteilt, in einem Artikel (27) als bedenklich bezeichnet.

Diese Predigt lehrt: »Darum ist der himmlische Vater wahrhaftig mein Vater, weil ich sein Sohn bin und alles das von ihm habe, was ich habe, *und ich der selbe Sohn bin und nicht ein anderer*. Da der Vater nur ein Werk wirkt, darum wirkt er mich (als) seinen eingeborenen Sohn ohne jeden Unterschied« (DW, 1, 110,4-7). Ohne dass die Begriffe vom »Buch der göttlichen Tröstung« (Sohn in des Vaters Schoß und Herzen) gebraucht würden, wird die Kindschaft als die »des eingeborenen Sohns ohne jeden Unterschied« bezeichnet. Die Verurteilung *dieser* Lehre ist gewissermaßen selbstverständlich, denn obwohl der obsolete Ausdruck »Sohn in des Vaters Schoß und Herzen« vermieden wird, hat sich doch inhaltlich nichts geändert: Wir haben teil an der Kindschaft »des eingeborenen Sohnes«.

Was macht, dass Eckhart hierin nicht zum Einlenken zu bewegen war? Ich denke, der Grund liegt in der Erfahrung der Realität dieser Kindschaft. Die mystische Einheit mit Gott, die *unio mystica*, drängt sich Eckhart ohne Zutun mit solcher Gewalt auf, dass er davon nicht schweigen kann, ohne sie zu verraten. Nur Meister Eckhart und (gleichzeitig aber unabhängig von Eckhart) Margarete Porete[2] sind Vertreter dieser in der christlichen Mystik des Spätmittelalters begegnenden »Einheits-Mystik«. Alle andern Mystiker sind (von Bernhard von Clairvaux abhängige) Brautmystiker, auch Johannes vom Kreuz und Teresa von Avila, bei denen freilich Erinnerungen an die Einheits-Mystik tradiert werden.

Auch in Predigt 30 lehrt Eckhart: »Der Vater gebiert seinen Sohn im Innersten der Seele und gebiert dich mit seinem eingeborenen Sohn, nicht weniger. Soll ich Sohn sein, so muss ich in dem selben Wesen Sohn sein, darin Er Sohn ist, und in keinem andern« (DW, 2, 96,7-9). Diese Predigt hat der Inquisition offenbar nicht vorgelegen, denn sie taucht im Prozess nicht auf. Späte Abfassung? Sparsame Überlieferung? Die Geburtslehre von Predigt 30 ist fundiert auf die Lehre, dass Gott in allem ist: »Gott ist in allen Dingen. Je mehr er in den Dingen ist, um so mehr außerhalb; und je mehr außerhalb, um so mehr innen« (94,6f.). Und darum ist er Mensch geworden, dass er dich als seinen eingeborenen Sohn gebäre, und nichts weniger« (98,7f.). Auch dies ist ein Paradox. Es sagt das Unbegreifliche aus, dass wir der Zweck und das Ziel der göttlichen Menschwerdung sind, »nichts weniger«.

Die paradoxe Redeweise ist ein Beleg für die Unsagbarkeit mystischer Erfahrung: »Und das ist recht so, denn wäre es begreiflich und wäre es glaubhaft, so wäre es nicht recht« (4f.). Nirgendwo, so weit ich sehe, begegnet diese Paradoxie als Erweis dessen, dass es »recht« ist, nämlich echte, nur in dieser Form zu bezeugende, geschenkte Einsicht. Paradoxie ist bei Eckhart kein Mittel, dem Hörer/Leser das Verständnis zu erschweren. Sie soll ihm den einzigen, glaubhaften Zugang zur Realität göttlichen Wirkens eröffnen. Auch die Erkenntnis vom »Ausfließen« des Worts lässt sich nur paradox darstellen: »Es ist ein Wunder, dass ein Ding (=ein Geschöpf Gottes) ausfließt (aus Gott) und doch innen verbleibt. Dass das Wort ausfließt und doch innen verbleibt, das ist ein großes Wunder« (94,1f.). Notieren wir noch, dass sich Eckhart des in den Psalmen begegnenden Stilmittels der »parallelen Glieder« bedient. Dadurch wird seine Aussage bedeutsamer und einprägsamer.

Predigt 12 bot genügend Anlass, dass sie in dem Verfahren gegen Eckhart zitiert und verurteilt wurde, zumal sie weitgehend mit dem übereinstimmt, was Eckhart in der bereits verurteilten Predigt 6 ausführt. Es verwundert darum nicht, dass sie in der so genannten »Rechtfertigungsschrift« (Anklagen im Kölner Prozess und Antworten Eckharts) 16-mal zitiert wird.

Das Besondere der Aussagen in Predigt 16 ist die Anbindung an das in den »Reden der Unterscheidung« von den Erfurter Mönchen geforderte »Sich-Lassen« und »aus sich selbst Ausgehens« (sinngleich mit der Forderung »ledig und frei zu sein«, »abgeschieden« zu sein – von allem Geschöpflichen), ja, »sich selbst zu vernichten« (um von Gott erfüllt zu werden). Das ist es, was die Predigt 12 meint, wenn sie als Voraussetzung für die Einheit mit Gott nominiert, man müsse über »diese Dinge hinausgekommen« sein.

In Predigt 12 (193,1-194,8) wird eine Passage von 21 Zeilen des Textes der kritischen Ausgabe (gezählt nach unserer Übersetzung) verwendet, um die ganze Breite und den konsequenten Zusammenhang der Lehre vom »Sich-Lassen«, der göttlichen Entsprechung zu dieser Gelassenheit und der Konkretisierung dieser Entsprechung im »Sohn-Werden« zu verdeutlichen. In dieser Lehre wird zum Schluss auch das Paradox ausgesprochen, dass genau dies von Gott beabsichtigt ist und ihn zwingt, herzuzu»eilen«, um so zu eigener, göttlicher »Lust und Wonne« zu gelangen! Das ist so schön, wie schwierig. Man muss es wiederholt lesen und in Ohr und Herz einsinken lassen. Zu solchem Hören, das Geduld und Weite des Glaubens erfordert, waren Eckharts Richter offenbar nicht im Stande.

So, wie Eckhart es in dieser Passage formuliert, erlangt der Mensch (in Pr.12 weiter unten ausgeführt) die Seinsfülle, »die Gott in sich selber ist«. Paulus lässt »Gott um Gottes willen«. »Da er das ließ, da ließ er Gott um Gottes willen (zweimal gesagt, weil für Paulus und seine Liebe zu Israel charakteristisch), und da blieb ihm Gott, so wie Gott seiend ist in sich selbst; nicht als ob Gott sich selbst empfangen hätte oder sich selbst gewonnen hätte (...)« (197,2-10).

Sohn Gottes zu werden, das heißt, die Einheit mit Gott zu erlangen. *Und genau das ist Eckharts Mystik im Kern.* Wer so Eines ist mit Gott, der sieht alles mit Gottes Augen (Reden der Unterscheidung: »dem werden alle Dinge lauter Gott«). »Das Auge, in (mit) dem ich Gott sehe, ist das selbe Auge, in (mit) dem Gott mich sieht. Mein Auge und Gottes Auge, das ist ein Auge und eine Sehkraft und ein Erkennen und ein Lieben« (201,5-8). So etwas nennt Eckhart ein *Gleichnis* (das ist: ein Gleichbild), an dem man die Wirklichkeit sehen soll. Das

Gleichnis vom »Auge« ist wohl das Schönste, was Eckhart entdeckt hat.

Es gibt Japaner, die nach Deutschland kommen, um Deutsch und Mittelhochdeutsch zu lernen, nur damit sie Eckhart lesen können. Seine Aussagen haben eine große inhaltliche Nähe zu der Lehre des Zen von der Buddha-Natur, die den Menschen voll ergreifen soll. Das Zen spricht nicht von Gott, weil es keinen Namen weiß. Welchen Namen, der Bestand hat, wissen wir? Gott ist »unsagbar« und »hat keinen Namen«. Hierin ist Eckhart Schüler des Dionysius Areopagita, dessen Werke »Von der mystischen Theologie« und »Von den göttlichen Namen« etwa um 500, vermutlich in Syrien[3], geschrieben wurden. Diese Werke Eckharts bieten Anlass dafür, sich für die Aufhebung der Verurteilung Eckharts einzusetzen, wie es auf einer Tagung »Christlich-buddhistischer Dialog« im Meditationshaus des Schweizer Zen-Lehrers Pater Brantschen SJ in Schönborn/Zug (CH) gefordert wurde, die 1996 stattfand. Vielleicht sollte man dazu sagen: »Hier gibt es nichts aufzuheben, weil Eckharts Richter in ihrer Glaubensenge sich selbst verurteilt haben.«

Eckhart hat dargestellt, dass die Seele mit Gott Eines ist. Daran schließt er die Aussage an, dass alles andere nichts bedeutet: «Alles was geschaffen ist, ist nicht(s). Jenes (alles in der Seele) aber ist aller Geschaffenheit fern und fremd. Wäre der Mensch gänzlich so[4], dann wäre er ganz und gar ungeschaffen und unerschaffbar. Wäre alles das so, was körperlich und mangelhaft ist, wäre das begriffen in der Einheit, es wäre nichts anderes, als was die Einheit selber ist.« (198,1-4): Ein abschließendes, entschiedenes Bekenntnis zur Einheitsmystik, die Eckharts Frömmigkeit (Spiritualität) gänzlich bestimmt und prägt.

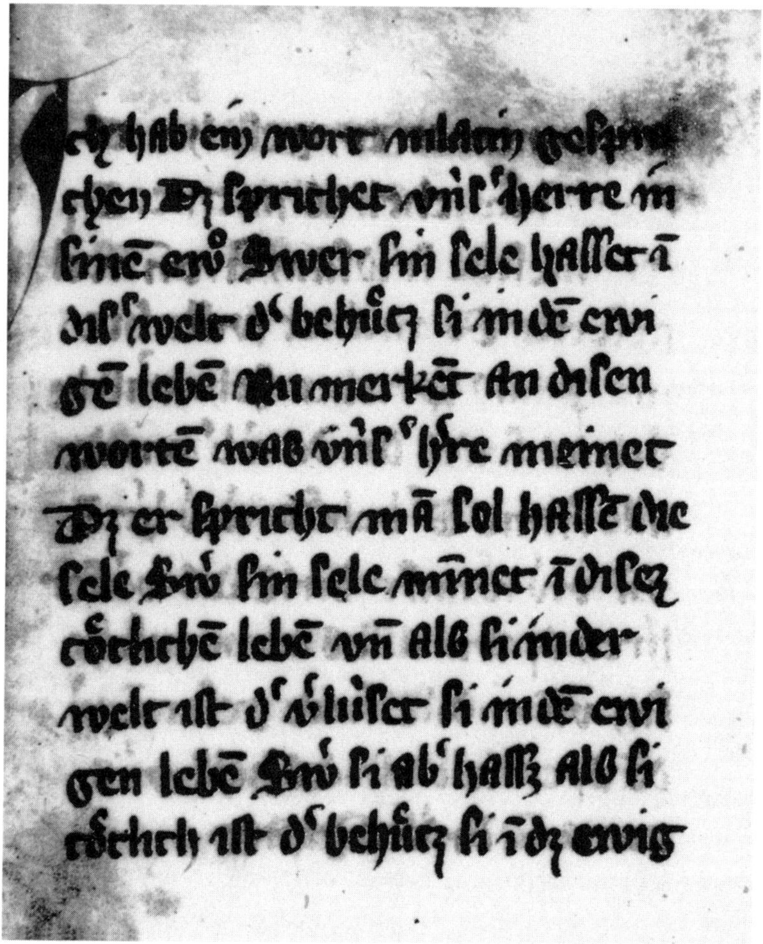

Abb. 1 Textfragment aus der Predigt 17: »Ich habe ein Wort auf lateinisch gesprochen..., der bewahrt sie zu ewigem [Leben.]«, s.S. 19

Dass Predigt 17 nicht im Prozess zitiert wird, nimmt wunder, und dies könnte darin seinen Grund haben, dass sie »nicht sonderlich zuverlässig erhalten «,[5] d.h.: dass ihr Text aus den Handschriften nicht so sicher zu erheben ist wie bei anderen Predigten. Diese sparsame Überlieferung spricht natürlich nicht gegen die Echtheit der Predigt. Quint hat sie deshalb mit Recht in die kritische Ausgabe aufgenommen.

Die zentrale Aussage von Predigt 17 ist, dass sich Gott in die Seele »eingebildet« hat. Wenn der Seele dieses geschieht, dann ist sie seines Wesens, in seiner »Einheit«. Das ist eine Lehre von der Gottesgeburt in anderer Begrifflichkeit als bisher.

Die »Meister« in Paris diskutieren, wie man vom Adel der Seele am Besten sprechen könne. Eckhart schließt sich denen an, die sie »eine Zahl« nennen: »Die Fünften sagen, sie sei eine Zahl. Wir finden nichts, das so bloß und so lauter ist wie (die) Zahl. Daher wollten sie die Sache mit etwas nennen, das so bloß und lauter wäre. In den Engeln ist Zahl. Man spricht › ein Engel‹ , › zwei Engel‹ . Auch in dem Licht ist Zahl.[6] Darum nennt man sie (die Seele) mit dem bloßesten und lautersten und rührt doch nicht an den Grund der Seele (gelegentlich stuft Eckhart die Seele höher ein als die Engel). Gott, der ohne Namen ist – er hat keinen Namen – ist unsagbar (*unsprechelich*). Und die Seele in ihrem Grunde ist auch *unsprechelich*, wie er *unsprechelich* ist.« (DW, 1,283,7-284,6).

Vom Bezug solcher Aussagen zu Dionysius Areopagita war schon die Rede. Wie bei Dionysius ist auch bei Eckhart Unsagbarkeit ein göttliches Charakteristikum: Wenn wir und weil wir (in unserer Seele) *unsprechelich* sind, darum sind wir göttlichen Wesens und sind Gottes Kinder.

Es ist zu bedauern, dass Eckharts Lehre vom »Sohn-Sein« kaum bekannt ist, weil niemand sie publizistisch darstellt. Und doch gehört sie zum Kostbarsten der abendländischen Mystik.

Hinweis: Es wäre reizvoll und hilfreich, gegenüber meiner Übersetzung der mittelhochdeutschen Texte Eckharts, die jeweils vollständig abgedruckt wird, auch den mittelhochdeutschen Text zeilengleich zu bieten, was jedoch aus technischen Gründen nicht bei allen Predigten möglich, sondern nur bei der Predigt 56 nach Pfeiffer der Fall ist. Es mögen einige exemplarische Faksimiles aus Eckharts Handschriften den Zugang zum mittelhochdeutschen Originaltext erweitern. Aus diesem Grund verweise ich die daran interessierten Leser auf Quints »Deutsche Werke« (DW) bzw. Pfeiffers »Deutsche Mystiker« (Pfeiffer), auf die ich auch meine Interpretation beziehe: Es werden Seiten und Zeilen der Quellenausgaben in eckigen Klammern angegeben, wobei die übrigen Zeilen mit Schrägstrichen kenntlich gemacht werden. Mittelhochdeutsche Zitate und Stichworte in meiner Interpretation bieten auch einen Eindruck von der Schönheit der Originalsprache Eckharts.

I
GOTTES EIGEN WERDEN

PREDIGT 17

Qui odit animam suam
in hoc mundo ...

1
Übersetzung des Textes

[281,2] *Ich habe ein Wort auf lateinisch gesprochen, das spricht unser Herr in seinem / Evangelium: »Wer da seine Seele hasst in dieser Welt, der bewahrt sie / zu ewigem Leben« (Joh 12,25).*

[5] Nun beachtet bei diesen Worten, was unser Herr meint, wenn er sagt, man / soll die Seele (= das Leben) hassen. Wer seine Seele liebt in diesem sterblichen Leben und wie / sie in dieser Welt ist, der verliert sie im ewigen Leben; wer sie aber / hasst, wie sie sterblich ist und in dieser Welt ist, der bewahrt sie zu ewigem / Leben.

[10] Hierbei gibt es zwei Gründe, warum er sagt ›Seele‹. Ein Meister / sagt: Das Wort Seele meint nicht den Grund (der Seele) und rührt nicht an die / Natur der Seele. Daher sagt ein Meister (Avicenna): Wer da schreibt von beweglichen [282,1] Dingen, der rührt nicht an die Natur noch an den Grund der Seele. / Wer die Seele nach der Einheit,[1] und Lauterkeit und Bloßheit benennen soll, wie / sie in sich selber ist, der kann für sie keinen Namen finden. Sie nennen / sie Seele: Das ist (so), wie wer einen ›Zimmermann‹ nennt, der nennt ihn nicht einen [5] Menschen oder ›Heinrich‹, auch nicht eigentlich nach seinem Sein; vielmehr: man / benennt ihn nach seinem Wirken. Hier meint unser Herr: Wer die Seele liebt [283,1] in der Lauterkeit, die der einfachen Natur der Seele (eigen) ist, der hasst sie und ist ihr / Feind in dem (irdischen) Kleid. Der hasst sie und hat Trauer und ist betrübt, dass / sie so fern ist dem lauteren Licht, das sie in sich selbst ist.

Unsere Meister sagen: Die Seele heißt ein Feuer wegen der Kraft und [5] der Hitze und des Scheins, die sie auszeichnen. Andere sagen, sie / sei ein Fünklein himmlischer Natur. Die Dritten sagen, sie sei ein Licht. Die / Vierten sagen, sie sei ein Geist. Die Fünften sagen, sie sei eine Zahl. Wir / finden nichts, das so bloß und so lauter ist, wie (die) Zahl. Daher wollten sie die Seele [284,1] mit etwas nennen, das bloß und lauter wäre. In den Engeln ist Zahl: Man spricht / ›ein Engel‹, ›zwei Engel‹ – auch in dem Licht ist Zahl. Darum nennt man / sie mit dem bloßesten und lautersten und rührt doch nicht an den Grund / der Seele. Gott, der ohne Namen ist – er hat keinen Namen -, ist [5] unaussprechlich; und die Seele ist in ihrem Grunde auch unaussprechlich, wie er / unaussprechlich ist.

[285,1] Es gibt noch ein Zweites, weshalb er (Jesus) sagt, dass sie (sich selber) hasst. / Das Wort, das von der Seele spricht, das meint die Seele, insofern sie im Kerker des Leibes ist, / und daher meint er, was

alles die Seele in sich selber ist, über das sie noch nachdenken / kann, da ist sie noch in ihrem Kerker. Da sie etwas erwartet von diesen niederen [5] Dingen und sie etwas mit den Sinnen in sich hereinholt, da wird sie alsbald eng; denn Worte / können keiner Natur, die über ihr (der Seele) ist, Namen geben.

[286,1] Daher sprach unser Herr: »Man soll seine Seele hassen«, soweit sie mein ist, / soweit ist sie nicht Gottes. Das ist ein Grund, warum man die Seele hassen soll.[2] / Das Zweite: weil meine Seele nicht ganz und gar in Gott versetzt / und gepflanzt und zurückgebildet ist. Augustinus sagt: Wer immer will, dass Gott [5] sein eigen sei, der soll zuvor Gott zu Eigen werden, und das muss notwendig (sein). / Der dritte Grund ist: Nimmt die Seele sich selber wahr, sofern sie Seele ist, und nimmt sie Gott / mit der Seele wahr, das ist unrecht. Sie soll Gott in sich selbst wahrnehmen, denn er ist ganz und gar / über ihr. Das ist's, was Christus sprach: »Wer seine Seele liebt, der verliert sie.«

[287,1] Was je von der Seele in dieser Welt ist oder in diese Welt schaut und wo immer sie / sich mit etwas befasst und (nach ihm) Ausschau hält, das soll sie hassen. Ein Meister sagt, dass die Seele / in ihrem Höchsten und Lautersten über der Welt sei. Nichts bewegt die Seele / in dieser Welt als allein ›Liebe‹. Zuweilen hat sie eine natürliche Liebe, [5] die sie an den Leib bindet. Zuweilen hat sie eine willentliche Liebe, die sie an [288,1] die Kreatur bindet. Ein Meister sagt: So wenig das Auge etwas mit dem Gesang / zu schaffen hat und das Ohr mit der Farbe, so wenig hat die Seele aus ihrer Natur / mit all dem (etwas) zu schaffen, das in dieser Welt ist. Darum sagen unsere / ›weltlichen‹ Meister, dass der Leib viel mehr ›in der Seele‹ sei, als die Seele [5] ›in dem Leibe‹. Wie das Fass eher den Wein enthält als der Wein das Fass, so / hält die Seele eher den Leib in sich, als der Leib die Seele. Was je die Seele in dieser / Welt liebt, dessen ist sie in ihrer Natur (Wesen) ledig.

Ein Meister sagt: Die Natur [289,1] der Seele und (ihre) natürliche Vollkommenheit ist es, dass sie in sich eine vernünftige Welt / werde, weil Gott ihr aller Dinge (Ur-)Bilder ›ein‹-gebildet hat. Wer da je sagt, / dass er zu seiner Natur gekommen sei, der soll alle Dinge in sich eingebildet finden, in der / Lauterkeit, wie sie in Gott sind, nicht wie sie in ihrer (kreatürlichen) Natur sind, vielmehr: wie sie in [5] Gott sind. Weder Geist noch Engel rührt an den Grund der Seele, noch an die / Natur der Seele. Eben dort gelangt sie in das Erste, in den Beginn, wo Gott mit Güte aus- / bricht in alle Kreaturen. Da fasst sie alle Dinge in Gott, nicht in jener Lauterkeit, / als sie ihrer Natur nach lauter sind, vielmehr: in der lauteren ›Einheit‹, / wie sie in Gott sind. Gott hat diese ganze Welt gemacht wie aus Kohle. Das [10] Bild, das aus Gold ist, das ist fester, als das aus Kohle ist. Also sind [290,1] alle Dinge in der Seele lauterer und edler, als sie in dieser Welt sind. Die Materie, / aus der Gott alle Dinge gemacht hat, die ist erbärmlicher als eine Kohle gegenüber dem / Gold. Wer ein Gefäß machen will, der nimmt ein wenig Ton, das ist sein / Stoff, an dem er wirkt. So gibt er ihm eine Form, die er in sich trägt, sie ist [5] in ihm edler als die Materie. Damit meine ich, dass alle Dinge unzähligfach edler / sind in der vernünftigen Welt, nämlich der Seele, als sie in dieser Welt sind; / recht so wie das Bild, das in Gold geschlagen und eingegraben ist. So sind die [291,1] (Ur-)Bilder aller Dinge in der Seele (voller) Einfalt. Ein Meister sagt: Die Seele hat / eine Fähigkeit in sich, dass die Bilder aller Dinge ihr eingeprägt werden. Ein anderer / sagt: Die Seele ist nimmer zu ihrer reinen Natur gelangt, wenn sie nicht alle Dinge / in sich gebildet findet (als) in der vernünftigen Welt, die unbegreiflich ist; kein Gedanke [5] hat damit etwas zu tun. Gregor (d.Gr.) sagt: Reden wir irgend von göttlichen Dingen, / so müssen wir stammeln, denn man muss (es) in Worte fassen.

> ene enkein nāē dū ob ir ist nā
> mē geben so hāt zū sachē w
> ir vn̄ dū sele hatte sol sich selbs
> Dū eine sache als ire sū min
> ist sol ich sū hatte wond als ire
> sū mū ist als ire so si gottes mūr
> Dz and' wand min mir alzem
> al ī got gesazet vn̄ gepflanzt
> vn̄ wid' bildz ist Augustī sprich
> er frō wil dz got sin eigē si d'
> sol·c· gottes eigē wdē vn̄ dz m
> ūs wō mer sin Dū dritte sache
> ist smackeit dū sele ir selbs als

Abb. 2 Textfragment aus der Predigt 17: »[Worte] können keiner Natur... Nimmt die Seele sich selber wahr«, s.S. 21

Noch ein kurzes Wort von der Seele und dann nichts mehr. »Ihr Töchter von Jerusalem, / achtet nicht auf mich, dass ich braun bin. Die Sonne hat mich verfärbt, [292,1] und die Kinder meiner Mutter haben wider mich gekämpft.« Hier meint die (Schrift) / die Kinder der Welt; zu denen spricht die Seele: Was immer die Sonne – das ist die Lust dieser Welt – was / mich bescheint und berührt, das macht mich dunkel und braun. / Braun ist keine reine Farbe; es hat etwas Helles und auch Dunkles. [5] Was immer die Seele denkt und wirkt mit ihren Kräften, wie hell es auch / in ihr sei, so ist es doch gemischt. Darum sagt sie: »die Kinder meiner Mutter haben wider mich gekämpft.« Die Kinder, das sind all die niederen Kräfte der Seele, die kämpfen alle wider sie und fechten sie an. Der himmlische Vater ist unser Vater, und die Christenheit ist unsere Mutter. Wie schön auch und voller Zierde [10] sie (die Seele) ist und wie sehr ihre Werke nützen – es ist alles noch unvollkommen. Darum / sagt er (Gott): »O schönste unter den Frauen, geh heraus und geh weg!« Diese Welt / ist wie eine Frau, denn sie ist schwach. Warum aber sagt er: »schönste / unter den Frauen«? Die Engel sind schöner und sind weit über der Seele. [293,1] Darum sagt er »schönste« – in ihrem natürlichen Licht (der Vernunft) – »geh heraus / und geh weg«: Geh heraus aus dieser Welt und geh weg von all dem, wohin deine Seele noch / geneigt ist! Und wo sie je etwas von der Welt begriffen hat, das soll sie hassen. / Bittet unsern lieben Herrn darum, dass wir unsere Seele hassen in dem [5] Kleid, das sie als unsere Seele trägt, damit wir sie bewahren zu ewigem Leben. Dazu / helfe uns Gott. Amen.

2
Interpretation

Einleitung

Die Schriftstelle, deren lateinische Übersetzung als Überschrift der Predigt 17 (DW 1) dient und die alsbald von Eckhart übersetzt wird, steht in Johannes 12,25 und fand im alten Messbuch sechsmal im Jahr als Evangelium Verwendung. Der Schriftgebrauch Eckharts hat kein historisch-philologisches Interesse. Auch geht Eckhart keineswegs immer »allegorisch« vor, die Worte haben nicht stets einen übertragenen Sinn. Die Regel ist, dass Eckhart in einem Schriftwort die ihm geschenkte Einsicht und (mystische) Erfahrung ausgesprochen findet und so einen Anlass hat, diese darzustellen. Eben deshalb spricht er äußerst selten über ein ganzes Evangelium eines liturgischen Formulars, sondern kommt mit wenigen Worten aus dessen Text aus. Deren Auslegung in der Linie eigener theologisch-mystischer Einsicht gewinnt so Einfachheit und Eindringlichkeit.

»Wer seine Seele *hasst* in dieser Welt, der bewahrt sie zu ewigem Leben« – dieses Wort des Johannesevangeliums, das den übrigen Evangelien, besonders Matthäus, entspricht – klingt dem heutigen Leser jedoch so anstößig, dass einige Hinweise auf den Sinn, den heutige Schriftauslegung darstellt (und der Eckhart gar nicht zugänglich war), nützlich sein können.

Die Seele (lat. *anima*, griech. *psyche*) hat in der Sprache Jesu nicht den Sinn griechischer (platonisch-aristotelischer) Philosophie. Da ist Seele dasjenige, was dem Leib die »Form«

gibt. Leib verhält sich zu Seele wie Materie zu Form. Im Hebräischen gibt es statt »Seele« die »*näphesch*« (ein lautmalendes Wort), den »Atem«; er steht für das »Leben«, ja für die ganze lebendige Person.³ Johannes 12,25 (und das vorausliegende Matthäus 16,25) spricht von der Nachfolge Jesu, in der man »sein Leben« verlieren (»hassen«) muss, um es zu »retten« oder es zu bewahren, es »zu finden«. Eine Anspielung auf den Tod Jesu am Kreuz liegt vor. »Es geht ... um Christusförmigkeit der Jünger, die etwas kostet ... Durch den Tod hindurch wird dem Nachfolger sein Leben geschenkt werden.«⁴ Das »Theologische Wörterbuch zum NT« sagt einleuchtend⁵: »Es handelt sich nicht um Hass im psychologischen Sinn, sondern um *bewusste Absage, Abkehr und Ablehnung* ... ähnlich dem Sprachgebrauch der alttestamentlichen Weisheitsliteratur. Wer in die Nachfolge Jesu eintritt, muss ausschließlich an Jesus und darf an niemand und nichts sonst gebunden sein. Mit dem Wort *Hass* ist die Trennung, mit der Warnung, jemand oder etwas ›mehr zu lieben‹, ist die Prüfung des Jüngers gefordert. Diese Absage darf nicht psychologisch oder schwärmerisch, sondern muss pneumatisch und christozentrisch verstanden werden.«

Auslegung

Bei Eckharts Predigt 17, die gut bezeugt ist (vier Handschriften, fünf Fragmente), begnügt sich der Autor mit dem ersten Halbvers von Joh 12,25: »... der bewahrt sie (die Seele) zu ewigem Leben« ist ihm für das, was er sagen will, entbehrlich. Für seine Auslegung genügen ihm die Worte »Seele«, »hassen«, »diese Welt«. Zählen wir sie aus, so begegnet »Seele« in dem kurzen Text 49-mal; Fürwörter für »Seele« (»sie«, »ihr«) kommen 71-mal vor. »Diese Welt« (*dirre werlt; dinse werlt*) wird 16-mal erwähnt. »Hassen« kommt 10-mal vor, die Antinomie zu hassen, nämlich »lieben« (*minnen*) 9-mal. Die Predigt wird richtig ausgelegt und verstanden, wenn »das Hassen der Seele in dieser Welt« erkannt und benannt ist und wenn das, was sich daraus ergibt, in den Blick kommt. N. Largier spricht von »zwei weiteren Elementen des Leitverses« (neben: Seele): *als si min ist* (= sofern sie mein ist) und *in dirre werlt*.«[6] Aber das erste Element kommt im Leitvers gar nicht vor. Es gehört lediglich zur Antithese: die Seele, insofern sie mein ist – die Seele, sofern sie Gott eigen ist.

Unsere Auslegung geht am Text entlang. Die Angabe der Seiten und Zeilen der kritischen Ausgabe von J. Quint, die man in Universitätsbibliotheken und in germanistischen (theologischen, philosophischen) Seminarbibliotheken einsehen kann, soll deren begleitenden, kontrollierenden Gebrauch sowie die Lektüre der reichen Anmerkungen Quints ermöglichen. Die unbestreitbare Echtheit dieser Predigt (die darum dem Band 1, DW beigegeben ist) wird durch Übereinstimmung mit dem lateinischen Sermo LV,4 und dem Johanneskommentar Eckharts zu 12,25 verbürgt (Quint, 1, 280).

GOTT UND SEELE – UNAUSSPRECHLICH [281,3 – 285,6]

Nach der Übersetzung des lateinischen Schriftwortes Johannes 12,25 gibt Eckhart 281,5-9 eine erste überblickshafte Erläuterung. »*man sol hazzen die sêle*«, sofern sie »*in disem toetlîchen lebene und ... in dirre werlt*« nicht geliebt werden kann, ohne dass man sie »*verliert*« (*verliuset*).

Wenn Jesus von Seele spricht, so sind »*zwo sache ... hie inne*« (281,10) zu bedenken. Es geht also um zweierlei! Wer Seele sagt, meint nach dem »Meister« Avicenna nicht »*den grunt und die natûre der sêle*« (281,10ff.), sondern spricht von ihr als »Form des Leibes«. Das Zweite (281,12-283,3) ist weniger »eindeutig« (Quint, 282[1]) formuliert. Wer von Seele »*als si in ir selber ist*« spricht, »*der enkan* (= kann nicht) *enkeinen* (= keinen) *namen vinden*« (282,3). Das bleibt zu unbestimmt, wie wenn ein »*zimberman*« als solcher bezeichnet wird, ohne seinen Namen zu nennen und »*nâch sînem wesene*« (5) zu fragen. Es geht nur um das Werk, das der Beruf des Zimmermanns aussagt. Von »*der sêle einvaltic natûre*« (283,1) wird gesagt, sie verdiene keine Liebe sondern »Hass«, »Trauer«, »betrübt« sein, denn sie »*stât dem lûtern liehte, daz si in ir selber ist ... alsô verre*« (283,3). – Das ist nicht sehr einleuchtend formuliert und will nur ein Verweis darauf sein, dass vom Eigentlichen und Edlen noch nicht die Rede ist, das zum Vorschein käme, blickte man auf das »lautere Licht« hin, das der Seele eigen ist.

Fünf Meister-Worte über die Seele rühren sämtlich an »*den grunt der sêle*« (284,3f.). Die Seele sei ein »Feuer«, ein »Fünklein himmlischer Natur«, ein »Licht« ein »Geist«, eine »Zahl«. Die letztere Benennung scheint bei Eckhart auf Interesse zu stoßen, denn es gibt nichts, »*daz sô blôz und so lûter sî sô zal*« (= ist wie die Zahl). Eine Mystikerin unserer Zeit (Simone Weil) spricht dem Umgang mit der Zahl, wie ihn Pythagoras übte, eine fast »inkarnatorische« Bedeutung zu. Der reine Umgang mit der Zahl trägt göttliche Merkmale.

Eckharts Abschnitt schließt mit einem Satz von seltener Eindringlichkeit und Schönheit. Es lohnt sich, ihn im ursprünglichen Wortlaut zu zitieren, auch wenn bei den abweichenden Handschriften Quint sich nicht sicher ist »das Ursprüngliche getroffen« zu haben (284²). Die von Quint bloßgelegte Sprachform hat Eckharts ganz eigenen Klang. »*Got, der âne namen ist – er enhat enkeinen namen* (= er hat keinen Namen) - *ist unsprechelich, und diu sêle in irm grunde ist si ouch unsprechelich, als er unsprechelich ist.*« Unsprechelich verlockt zu verschiedenen Übersetzungen: unaussprechlich, unsagbar, nicht zu benennen. Es geht vermutlich auf das vom (lateinischen) Proklos gebrauchte »*indicibilis*« zurück. Hierin kommen Gott und der Grund der Seele überein. Allein diese Aussage macht uns Predigt 17 kostbar! Sie ernst zu nehmen, macht viel »Gerede« überflüssig. In Predigt 83, deren Übersetzung folgt, nennt Eckhart dies »Gekläff von Gott«.

Das Zweite, worum es Jesus geht, ist, »*daz si* (sich selber) *hazzet*«. Ohne Hinzufügung von »sich selber« hätte der Gebrauch von *hazzet* keinen erkennbaren Sinn: Wenn hier von Seele gesprochen wird *(»daz di sêle nennet«)*, ist die Seele gemeint, sofern sie im »Kerker des Leibes« ist. Im »Kerker« ist sie, wenn sie darüber nachdenkt, was sie »*in ir selber ist*« (285,3). Da erwartet sie etwas von ihren niederen Kräften, nämlich von ihrer Sinneswahrnehmung, dass »*si iht* (etwas) *mit sinnen in sich ziuhet*« (5). Diese von Aristoteles und der Scholastik getroffene Feststellung: »*omnis cognitio incipit a sensu* – jeder Erkenntnis liegt eine Sinneswahrnehmung zu Grunde«, bestreitet Eckhart nicht. Aber über ebendas muss die Seele hinaus, denn in der Sinneswahrnehmung »*wirt si zehant* (alsbald) *enge*«. Die Lehre vom »handelnden« und »erleidenden Verstand« *(intellectus agens, intellectus possibilis)* erklärt im Sinn einer realistischen Erkenntnislehre, wie es zum »allgemeingültigen Begriff« kommt. Solche Begriffe *(namen)* erreichen nicht, was »über der Seele« ist. Und dorthin allein strebt die Seele im Verständnis Eckharts. Denn sie soll, wie im folgenden Abschnitt gesagt wird, »*gotes eigen werden*« (286,5).

ALL-EINHEIT IN GOTT [286,1 – 291,6]

286,1-3 lese ich anders als Quint und sehe jetzt, dass auch Sturlese dieselbe Lesart bevorzugt.
Seine textkritischen Ausführungen überzeugen. Der Text von Str_3 und Mai_1 ist besser als die Konjektur Quints, der aus »zwei« »drei« macht, weil drei Gründe genannt werden. Wie so oft ist auch hier Quints Kritischer Apparat schwer lesbar.[7] Sturleses Interpretation verläuft allerdings anders als die meine. Sie ist wissenschaftlich, und ihre Stärke liegt im Aufweis des Kontextes, in dem Eckhart denkt.

Eckhart befasst sich mit diesem Aufstieg, von dem, »*man sol hazzen sîne sêle*« (286,1) zu dem, »*daz aller dinge bilde einvaltic in der sêle*« (291,1) sind, nämlich durch Gottes Wirken. Auf dem Weg dorthin werden zunächst zwei Gründe dargestellt, warum »die Seele ohne Gott« zu hassen ist:

1. »*... als verre, als si mîn ist*«, woraus sich ergibt: »*so ist si gotes niht*« (2f.): Diese Aussage entspricht der Aufforderung Eckharts, »alles zu lassen«, »leer« oder »ledig« zu werden, »sich selber zu vernichten« und (als für Predigt 17 besonders wichtig) »*... gewarnt vor den bilden, diu ûzwendic stânt*«, wie es in den »Reden der Unterscheidung« entfaltet wird.[8] Das sind die Voraussetzungen dafür, dass mir Gott »*gegenwertic*« wird – in der Predigt 17: »dass ich Gottes eigen werde«. Wer will – so sagt Augustinus – »*daz got sîn eigen sî, der sol ê* (zuvor) *gotes eigen werden*« (4f.).

2. Es geht darum, dass »*mîn sêle alzemâle in got gesast und gepflanzet und widerbildet ist*« (3f.).

sele Ein meist' sprichet dü selch
At ein müglichait in ir dz all'
dinge bild' in si gedruket wer
Ein and' sprichet Item ist dü sel
kom in ir blosse natúr si enwvrd'
alle ding in ir gebildz vnd' úmit
tigē welt Dú vnbegriffelich ist
enkein dink hórz dar zú Grego
ri' sprichet was wir vō goth
lich dingē rett Dz mússē wir
stälen, wand man mús in wo
rt gebē Noch ein wörtelin vō d'
sele vñ dēne nicht me Ir tóchtē

Abb 3 Textfragment aus der Predigt 17: »...Ein Meister sagt... Ihr Töchter«, s.S. 22-24

3. Hier ist von »*smecken*« der Seele die Rede, vom »Wahrnehmen«. Da Eckharts Sprache das lateinische »*sapere*« im Hintergrund hat, geht es um die wahre *sapientia* = Weisheit. Nimmt sich die Seele selbst wahr und Gott auf dem Weg über sich (»*smecket ir got mit der sêle*«: 6f.), das ist die »unrechte« Weise. Vielmehr gilt: »*Ir sol got in im selber smecken*« (7), was ein wahrnehmen »*ob ir* = über ihr« ist – eben sapientia-Weisheit. So geht die Seele nicht »verloren«, sondern wird »bewahrt«.

In »*dirre werlt*« sein, in sie »*luogen*«, etwas von ihr »begriffen« haben (287,1f.), das ist hassenswert, weil die Seele »*in irm hoehsten und lûtersten ... ob der werlt*« (3) ist. Falsche Liebe (etwa zum »Leibe« oder zu »Kreaturen«), das widerspricht »*der sêle in ir natûre*« (288,2). Es ist im Grunde so absurd, wie wenn das Auge singen wollte oder das Ohr Farbe wahrnehmen. Das Verhältnis von Leib und Seele ist umzukehren, »*daz der lîchame* (Leib) *vil mêr sî in der sêle dan diu sêle in dem lîbe*« (4), so wie das Fass den Wein enthält und nicht der Wein das Fass.

Die Seele ist von Natur aus dazu da, dass »*ein vernünftigiu werlt*« (289,1f.), nämlich »*aller dinge bilde*« von Gott in sie »gebildet« wird (2). Diese (Ur-)Bilder, »*als si in gote sind*« (4), liegen einem jeden Geschaffenen zu Grunde und sind seine Voraus-Erkenntnis, von dort kommt die »verstehende Seele« »*in daz erste, in den begin, dâ got ûzbrichet mit güete in alle crêatûre*« (6f.). Eckhart erweist sich als Schüler Platons, der Neuplatoniker und des Augustinus. Ihm geht es um die Erkenntnis der »Urbilder« in Gott und nicht des »Schattendaseins« in dieser Welt.

Für Letzteres findet Eckhart nochmals ein ausdrucksstarkes Bild: »*Got hat gemachet alle dise werlt als in einem koln*« (9), nämlich: »wie aus Kohle«. Mit Kohle ist hier eine besonders niedrige, schwarze und schwärzende Materie gemeint. Der Seele ist die Möglichkeit (und Aufgabe) gegeben, »*die dinge ... lutêrer und edeler*« zu machen, »*dan* (als) *si sîn in dirre werlt*«. Ihre Erkenntnis bei Gott macht aus Kohle Bilder, die aus Gold sind. Noch einmal ist von der Form die Rede, die im Handwerker oder Künstler schon da ist, bevor er seinem Material Gestalt gibt. Das Formgebende ist die Seele mit ihrer »*vernünftigen werlt*«. Sie schafft ein »*bilde, daz in golt gehouwen und durchgraben ist*« (290,7). »*... aller dinge bilde*« sind »*einvaltic in der sêle*« (291,1). Das macht die »*mügelicheit in ir*« (der Seele), macht, »*daz aller dinge bilde in si gedrücket wirt*« (2). Diese »*vernünftige werlt*« ist »*unbegrîfelich*«. Sie bedarf keines menschlichen »Gedankens« (4f.), kann mithin auch nicht eigentlich »Wort« werden. Gregor d.Gr. formuliert: »*... von goetlichen dingen reden, daz müezen wir stameln*« – bei dem vergeblichen, aber nötigen Versuch, »ihm Wort zu geben« (6).

Noch eine »Kleinigkeit« (7) will Eckhart formulieren, um damit die Predigt abzuschließen. Öfter, wie auch hier, führt er die »braune« schönste der Frauen vom Hohenlied 1,4f. an. Ihre sonnengebräunte Haut ist von »der Sonne verfärbt«: »*Brûn enist niht ein ganziu varwe; ez hât etwaz liehtes und ouch dunkelheit*« (292,4). Das Farb-Gemenge verweist auf »*alle die nidern krefte der sêle*«; trotz aller Schönheit »*ist noch allez unvolkomen*« (7.10). Wahrscheinlich durch das Nachdenken über das Farb-Gemenge des Braunseins gelangt Eckhart zu einem der besonders bedenkenswerten Sätze von Predigt 17. »*Der himelische vater ist unser vater, und diu kristenheit ist unser muoter*« (8f.). Eckhart entscheidet sich dafür, nicht die ›Kirche‹ als unsere Mutter zu bezeichnen, gebräuchliche Sprache (seit der »Väterzeit«) verwendend. Verweist »*kristenheit*« auf Teilung und Streit und fordert die (grundlegende) Einheit an?

Oder wird stillschweigend Kritik geübt an der verdorbenen Institution der Kirche von Avignon (Tötung von Häretikern, Verbrennung der Templer, Machtgier und Habsucht)? So oder so wird mancher heutige Leser es schön und richtig finden, wenn »*diu kristenheit*« als seine Mutter vorgestellt wird.

Die Aufforderung an die »*schoenste unter den vrouwen*«: »*ganz ûz und gang abe*« ist im Hohenlied nichts Negatives. Dort wird das Mädchen zu den Herden auf die Weide geschickt. In diesem Fall deutet Eckhart es allegorisch: »Geh weg von dieser Welt«, denn du bist eine Frau und deshalb schwach. Von Frauen despektierlich zu reden, findet sich auch bei Augustinus, wobei dessen Reste eines fleisch-verachtenden Manichäismus nachwirken mögen. Warum heißt sie dennoch »*schoenste under den vrouwen*« (12f.), wenn doch die Engel schöner sind? Durch das Licht der Vernunft, das sie mahnt, alles von »*dirre werlt*« (293,2), wozu sie noch neigt, zu hassen und davon wegzugehen.

Die Schlussbitte richtet sich auf den Hass der irdisch bekleideten Seele, damit sie »*in daz êwige leben*« bewahrt wird (4f.).

3
Zusammenfassung:
Das Wunder des Seelengrundes

Durch den Vers 12,5 bei Johannes, dessen zweite, positive Hälfte Eckhart weitgehend nicht interpretiert, sondern nur zitiert, tritt die Aufforderung, die Seele zu »hassen«, in den Vordergrund. Die Seele des Menschen in dieser Welt (Objekt des vom Herrn gebotenen »Hassens«) wird in eben der Anhänglichkeit an diese Welt dargestellt. Da haftet sie an Leib und Kreatur und ist fern dem »Licht« (der Vernunft), das sie doch auszeichnet. Dieses Licht macht möglich, dass die Seele bewahrt wird »zu ewigem Leben«. In den »Reden der Unterscheidung«, Kapitel 21, lehrt Eckhart seine Schüler, dass die Vernunft des Menschen außerordentliche Qualität hat (natürlich in der Nähe zu Gottes Vernunft, die ja sein »Eigentliches« ist): »Der Vernunft ist nichts so eigen, noch so gegenwärtig, noch so nahe wie Gott.« In »Meister Eckhart: alles lassen – einswerden« habe ich die besondere Qualität dieser Aussage notiert (S. 73, 101f.). Ihr Gegenteil ist auch dort die Hinwendung zu den Kreaturen.

Gehäufte Meisterzitate, unter denen Avicenna wichtig ist, und die sinnesbegründete Erkenntnislehre des Aristoteles, die sich als untauglich erweist, zeigen den Fortschritt, der in Predigt 17 dokumentiert ist. Das von des meisten bevorzugte Wort *abegescheiden* fehlt hier. An die Stelle des »Vernichtens« der dieser Welt zugewandten Seele tritt das »Hassen«. Liegt Pariser Einfluss des »Werkes der Auslegungen« vor, nämlich des dritten Teils des »*opus tripartitum*«, an dem Eckhart damals wohl vorwiegend gearbeitet hat? So ist an Ordensangehörige des Eckhart oder an sonstige Theologen (deutscher Sprache) zu denken und die Predigt rückt in die Nähe der »Kollationen« (Lehrgespräche). Neu und eindrucksvoll ist das, was Eckhart der Seele über das Licht der Vernunft hinaus zuspricht. Sie ist ohne Namen und unaussprechlich, wie Gott selbst. Die Lehre vom »*grunt der sêle*« (vgl. 1,284,3f.) geht über alle benannte »Lauterkeit« der Vernunftseele hinaus. Er liegt »*ob der sêle*«, nämlich »über ihr« im Bereich der göttlichen Dinge, von denen man reden sollte, aber doch nur stammeln kann. Worte können nichts benennen, was über der Natur der Seele ist, außer man versteht Natur so, dass in sie Gott die Ur-Bilder aller Dinge gelegt und ihr eingeprägt hat. Dann kann sie von ihm weitergeführt werden in den Beginn, wo Gott ausbricht mit Güte in alle Kreaturen. Da empfängt die Seele, jenseits sinnlich vermittelter Erkenntis, »alle Dinge in Gott ... in der lauteren Einheit (Übersetzungsvorschlag von Lexer, I, 530 zur Stelle!), wie sie in Gott sind«. Wir erkennen drei Arten der Befindlichkeit der Seele:

1. Ihre Hinwendung zu »dieser Welt« (hassenswert!);
2. die Lauterkeit und Bloßheit der Vernunft (des »Lichtes« der Seele), die zu ewigem Leben bewahrt wird;
3. das (mystische) Versetztwerden in das Erste, in den Beginn, in den Ausbruch aller Dinge aus Gott, die über die Seele heimgeführt werden sollen zu Gott.

Zu diesem Geschenk der »Einheitsmystik« macht Eckhart in Predigt 17 einige Aussagen von seltener Einfachheit und Schönheit. Das ist – jenseits des zuerst geforderten »Hassens dieser Welt« – die Erkenntnis des Wunders des

Seelengrundes, über den nur in »negativer (= namenloser) Theologie« gesprochen, oder besser: geschwiegen werden kann.

In diesen tiefgründigen Worten bereitet sich Eckharts mystische Theologie auf die Lehre »von der Geburt des Sohnes im Schoß und Herzen des Vaters« vor. Ich rechne mit einer Niederschrift zwischen 1303 und 1311, als Eckhart als »niederdeutscher Provinzial« seines Ordens wirkte.

II

UNGEWORDENES REINES SEIN

PREDIGT 83

Renovamini spiritu

1
Übersetzung des Textes

[437,2] »Ihr sollt erneuert werden eurem Geiste nach, der (lateinisch) mens heißt, nämlich: Ge- / müt.« So spricht Sankt Paulus (Eph 4,23).

Nun sagt Augustinus, dass an dem obersten Teil der Seele, der [5] mens heißt oder Gemüt, Gott mit der Seele Sein eine Kraft geschaffen hat, die / nennen die Meister ein Schloss oder einen Schrein geistiger Formen oder formhafter / Bilder. Diese Kraft macht, dass (Gott-)Vater und die Seele gleich sind, wegen seiner ausfließenden Gottheit, / aus der heraus er die ganze Fülle seines göttlichen Seins in den Sohn und in den Heiligen / Geist gegossen hat, personhaft unterschieden, so wie das Gedächtnis der Seele den Schatz der Bilder [10] den Seelenkräften ausgießt. Immer wenn nun die Seele mit dieser Kraft bildhaft schaut – / schaue sie eines Engels Bild, schaue sie ihr eigenes Bild –, es ist für sie ein Mangel. Schaut / sie Gott, wie er Gott ist oder wie er als Bild ist oder (in) drei (Personen) ist – es ist für sie ein Mangel. / Wenn aber alle Bilder von der Seele abgetrennt werden und sie allein das einig / Eine schaut, da findet das bloße Sein der Seele das bloße, formlose Sein göttlicher [438,1] Einheit, das da ein überseiendes Sein ist, es, in sich selbst ruhend, erleidend. O Wun- /der über Wunder: Welch ein edles Erleiden ist das, was das Wesen der Seele nicht anders erleiden / kann als die reine Einheit Gottes allein.

[439,1] Nun spricht Sankt Paulus: »Ihr sollt erneuert werden dem Geiste nach.« Neuwerden fällt / allen Kreaturen zu – unterhalb von Gott. Aber Gott fällt kein Neuwerden zu, denn alles (Göttliche) ist Ewig- / keit. – Was ist Ewigkeit? – Bemerkt es: Eigenschaft der Ewigkeit ist, dass Sein und Jugend in / ihr Eines sind; denn Ewigkeit wäre nicht ewig, könnte sie neu werden und wäre nicht stets (gleich). [5] Nun sage ich: Neuwerden fällt dem Engel zu – auf künftige Einweisung hin; [440,1] denn der Engel weiß nichts von künftigen Dingen, allein sofern es ihm Gott öffnet. Auch auf die / Seele fällt Neuwerden, sofern sie »Seele« heißt. Darum nämlich heißt sie Seele, weil / sie dem Leib Leben gibt und »Form« des Leibes ist. Auf sie fällt auch Neuwerden. Als sie / »Geist« heißt – sie heißt darum Geist, weil sie abgetrennt ist von hier und von [5] nun und von aller Naturhaftigkeit. Da sie nun ein Bild Gottes ist und namenlos wie Gott, / da fällt kein Neuwerden auf sie, sondern allein Ewigkeit wie in Gott.

[441,1] Bemerkt es: Gott ist namenlos, denn von ihm kann niemand reden noch ihn ver- / stehn. Darum sagt ein heidnischer Meister: Was je wir verstehn oder sagen von der / ersten Ursache, das sind wir mehr selbst, als es die erste Ursache ist, denn sie ist über alles Sagen

/ und Verstehn. – Sage ich nun »Gott ist gut«, das ist nicht wahr, vielmehr: Ich bin gut; Gott ist nicht gut! [5] Ich will (noch) mehr sagen: »Ich bin besser als Gott!« Denn was immer gut ist, das kann besser werden. / Was besser werden kann, das kann allerbestes werden. Nun ist Gott nicht gut, daher kann / er nicht besser werden. Weil er aber nicht besser werden kann, darum kann er nicht allerbestes / werden. Diese drei sind nämlich fern von Gott: gut, besser und allerbestes; denn er ist / über alle (hinaus). Auch wenn ich sage: »Gott ist weise«, das ist nicht wahr: Ich bin weiser als er. Wenn [442,1] ich sage: »Gott ist ein Sein«, das ist nicht wahr. Er ist ein überschwebendes Sein und ein / überseiendes Nicht-Sein. Darum sagt Sankt Augustinus: Das Schönste, das der Mensch / von Gott sagen kann, ist, dass er schweigen kann aus der Weisheit inneren Reichtums. / Daher schweig und lass das Gekläff von Gott! Wenn du ihn nämlich bekläffst, so lügst [5] du und begehst eine Sünde. Willst du ohne Sünde und vollkommen sein, so bekläffe Gott nicht. Du / sollst auch nichts verstehn von Gott, denn Gott ist über alles Verstehn. Ein Meister / sagt: Hätte ich einen Gott, den ich verstehen könnte, den würde ich nicht mehr für Gott [443,1] halten. Verstehst du nun etwas von ihm, so ist es nicht er. Und damit, dass du etwas von ihm ver- / stehst, kommst du in ein Nichtverstehen, und von dem Nichtverstehen gelangst / du zu einem Viehsein, denn alles was unverständig ist bei den Kreaturen, das ist viehisch. / Willst du nun nicht viehisch werden, so versteh nichts von dem Gott, der ohne Worte ist. – Ach was [5] soll ich denn machen? – Du sollst ganz und gar deiner Dein-heit entsinken und sollst zerfließen in / seine Sein-heit, und (so) soll dein Dein und sein Sein ein Mein werden, so gänzlich, dass du mit ihm auf ewig / verstehst sein ungewordenes Ist-Sein und seine ungenannte Nicht-heit.

[444,1] Nun spricht Sankt Paulus: »Ihr sollt erneuert werden dem Geiste nach.« / Wollen wir nun erneuert werden dem Geiste nach, so müssen die sechs Kräfte der Seele,[1] so / die obersten, wie die untersten, eine jede einen goldenen Fingerring haben, überaus golden mit dem / Gold göttlicher Liebe. Bemerkt es: Es gibt drei niederste Kräfte. Die erste heißt [445,1] Verständigkeit, rationalis; an der sollst du einen goldenen Ring haben, das ist: das Licht, (nämlich) / dass deine Verständigkeit allezeit ohne Zeit erleuchtet sei mit dem göttlichen Licht. – / Die zweite Kraft heißt die Zürnerin, irascibilis; an der sollst du einen Ring haben, das ist: / deinen Frieden! – Warum? – Weil: Soweit in Frieden so weit in Gott; soweit aus Frieden [5] so weit aus Gott. – Die dritte Kraft heißt Begehren, concubiscibilis; an der sollst du / einen Ring haben, das ist: eine Genügsamkeit, dass du es dir hinsichtlich aller Kreaturen, die unter Gott sind, / genug sein lässt. Aber an Gott soll es dir niemals genügen, denn an Gott kann es dir niemals genug sein: / Je mehr du von Gott hast, desto mehr begehrst du von ihm; denn könnte es dir an Gott genug / sein, sodass ein Gottes-Genügen einträte, so wäre Gott nicht Gott.

[446,1] Du musst auch an jeder der obersten Kräfte einen goldenen Fingerring haben. Auch die / obersten Kräfte der Seele sind drei. Die erste heißt: eine bewahrende Kraft, memoria. Diese / Kraft vergleicht man mit dem Vater in der Dreifaltigkeit. An der sollst du einen goldenen Ring / haben, das ist: ein Bewahren, dass du alle ewigen Dinge in dir bewahren sollst. – Die zweite heißt [447,1] Vernünftigkeit, intellectus. Diese Kraft vergleicht man mit dem Sohn. An der sollst du auch einen / goldenen Ring haben, das ist: Erkenntnis, dass du Gott jederzeit erkennen sollst. – / Wie das? – Du sollst ihn ohne Bild erkennen, ohne Mittel und ohne Gleichnis. Soll ich aber Gott / so ohne Mittel erkennen, so muss ich beinah er werden und er ich werden. Ich sage

gnügen. wande gottes mac
dich nemer begnügen. Ie
me dv gottes hast ie me
dv sin begerst. waltte moh
te dich gottes begnvgen d
em begnvgen an got viele
so were got got mit. Dv
müst och han an den ober
sten creften du iegelicher
em guldin vingerlin Die
obersten crefte der sit och
drie. Die erste heis, em ent
haldende craft. Memoria
dise kraft gelichet man
de vater in der drivaltikeit
An dirre solt dv haben ei
guldin vingerlin das ist
em enthalten d dv al ewi
ge ding in dir enthalten
solt. Die ander heis ver
stendikz. Intellctus. dise
craft glichz man de sune
An dirre solt dv och han
em gvlden vingerlin. D
ist bekantnis d dv got zv
allen Ziten solt bekenne
alswa e dv solt in be
kennen ane bilde ane mit
tel. vnd ane glichnis. sol
aber ich also got bekenne
ane mittel. so müs vil bi
ich er wden. Me sprich
+ vn er ich wden

ich. Got mus vil bi ich
werden. vnd ich vil bi got
alse gar ein das dis er
vnd dis ich. Ein ist wiz
vnd sint. vnd in der istikeit
ewiklich ein werk wir
kent. wande vil nvzze
sint dis er vn dis ich d
ist got vnd die sel. Ein
einig hie oder ein einig
nv. so mochte dis ich mit
de er nemer gewirken
noch ein gewden Die dir
te craft heis wille. volun
tas dise craft glichz ma
de heiligen geiste An dirre
solt dv han ein guldin
vingerlin. d ist dv minne
das dv got minnen solt
Du solt got minne sund
nuneklichen d ist nvt
Dar vmbe d er mineklich, si. wad got
-blich er ist vber alle mi ist vnminne
ne vn muneklich. wie
sol ich dan got minnen
Dv solt got minnen mit
geistliche d ist. Dc din sel
sol ich geistig sin. vnd
emplozet aller geistlichi
wand die wile din sel gest
formig ist so hat si bilde
die wile si bilde hat so

mehr: [5] Gott muss beinah ich werden und ich beinah Gott, so ganz Eines, dass dies »er« und dies »ich« ein »ist« / werden und sind,² und in diesem Ist-Sein auf ewig ein Werk wirken; denn großen Gewinn geben dies / »er« und dies »ich«, das ist Gott und die Seele, ein einziges »hier« und ein einziges »nun«. Sonst könnte / dieses »ich« mit dem »er« niemals wirken und eines werden. – Die dritte Kraft heißt Wille, voluntas. / Diese Kraft vergleicht man mit dem Heiligen Geist. An der sollst du einen goldenen Ring [10] haben; das ist: die Liebe, dass du Gott lieben sollst. Du sollst Gott lieben ohne Liebreiz, / das ist: nicht darum, dass er liebreizend ist, denn Gott ist ohne Liebreiz. Er ist über alle / Liebe und allen Liebreiz. – Wie soll ich dann Gott lieben? – Du sollst Gott ungeistig [448,1] lieben, das ist: Deine Seele soll ungeistig sein und entblößt aller Geistigkeit, denn so- / lange deine Seele geistförmig ist, hat sie »Bilder«, solange sie »Bilder« hat, hat sie »Ver- / mittelndes«, solange sie »Vermittelndes« hat, hat sie nicht Einheit noch »Vereinigung«. Solange sie / »Vereinigung« nicht hat, hat sie Gott nie recht geliebt; denn rechtes Lieben liegt an der »Vereinigung«. Darum [5] soll deine Seele ungeistig sein, (fern) von allen Arten von Geist, und soll geistlos sein. Denn liebst du Gott, / als er Gott ist, als er Geist ist, als er Person ist und als er Bild ist – alles das muss weg! / – Wie soll ich ihn denn lieben? – Du sollst ihn lieben als er ein Nicht-Gott ist, ein Nicht-Geist, / eine Nicht-Person, ein Nicht-Bild; vielmehr: als er ein lauteres, pures klares Eines ist, getrennt von aller / Zweiheit. Und in dem Einen sollen wir auf ewig versinken von nicht zu nicht.

[10] Dazu helfe (uns) Gott. Amen.

2
Interpretation

Einleitung

Ob es sich um eine Predigt über die Epistel des 19. Sonntag nach Pfingsten handelt (Quint – in seinem Gefolge Largier -: fälschlich 19. Sonntag nach Trinitatis) oder um eine Kollation, ist inhaltlich ohne Bedeutung. Für Letzteres spricht, dass Eckhart sofort »in medias res«, in die Sachdiskussion eintritt und der Schluss des Ganzen als Predigtschluss dürftig wäre: »*Dis helf Got. Amen.*«
    Wir haben nur eine Handschrift, die Eckhart nicht als Autor nennt. Quint notiert in DW 3,435f. zahlreiche Übereinstimmungen mit als echt anerkannten deutschen und lateinischen Texten Eckharts. Die eine Handschrift erweist sich, mit den erhaltenen drei Fragmenten verglichen (Quint, 434f.), als »im ganzen, was den Inhalt betrifft, ... verlässlich.« Drei Merkmale fallen auf:
    1. Die schon in der ersten Textzeile beginnende Verwendung lateinischer Begriffe, wie auch der zum Teil hohe Schwierigkeitsgrad des Textes, lassen an ein »studiertes« Publikum denken. Mir scheint, man darf, den theologischen Entwicklungsstand im Gesamt von Eckharts mittelhochdeutschen Schriften/Predigten berücksichtigend, wieder – wie bei Predigt 17 – an die Zeit des niederdeutschen Provinzialats (1303-1311) denken. Dann waren wohl Dominikaner die Zuhörer – entweder in Erfurt oder an anderen Orten der »Saxonia«.
    2. Predigt 83 ist wohlgegliedert und hat einen klaren Aufbau und Fortschritt. Orientiert man sich an der Themen-

bestimmung seiner Predigten, die – wie oft zitiert – Eckhart am Beginn von Predigt 53 selber gibt, so findet sich das zweite Thema in unserem Text akzentuiert: »*daz man wider in gebildet werde in daz einvaltige guot, daz got ist.*« Das vierte Thema: »*von götlîcher natûr lûterkeit*« wird nicht entfaltet, denn Predigt 83 warnt davor, Gott zu »bekläffen«, und hält mit Augustinus dafür, dass das Schweigen von Gott die schönste Art sei, das »*schoneste*« sei, »*daz der mensche gesprechen mac von gotte*« (442,2f.).

3. Das Augustinuszitat lehnt sich an »*De mystica theologia*« des Dionysius (Pseudo)Areopagita an, und unser Text ist wesentlich geprägt von der Vermittlung neuplatonischen Denkens über Dionysius und den »*Liber de causis*«, in dem der neuplatonische Mystiker Proklos der lateinischen Welt vermittelt wird. Eckhart spricht, im Fortgang der Kollation sich intensivierend, vom bildlosen, namenlosen, nur »ungeistig« erkennbaren Gott, zu dem es nur eine Vereinigung ohne Vermittlung gibt, eben vereint zum »einfachen Einen« (448,1-5).

Auslegung

Meine Übersetzung des mittelhochdeutschen Textes wurde als Ganze gedruckt. Ich interpretiere in drei Abschnitten, die je eine stärkere inhaltliche Geschlossenheit haben. Dies wird durch Angabe der Seiten und Zeilen von DW 3 kenntlich gemacht.

GOTT UND SEELE SIND GLEICH [437,3 – 440,6]

Die Worte aus Eph 4,23, die der Autor des Briefs in seinem vereinfachten Griechisch gebraucht, sind nicht leicht zu übersetzen. Das griechische Wort »*nous*« ist mit »*mens*« im Lateinischen korrekt wiedergegeben. Deutsch verwendete Eckhart »*gemüete*« (nach Lexer: »Gesamtheit der Gedanken und Empfindungen«).[3]

Das vorangestellte »*spiritu*« benennt wohl den von Gott verliehenen Geist: »im Geiste« das ist Eckhart sowohl unbekannt wie – für seine Auslegung – unwichtig. Immerhin interpretiert er »*geist*« als »*abgescheiden ... von hier und von nu und von aller naturelicheit*« (440,4f.), damit in der Ewigkeit Gottes!

Die *mens* ist für Augustinus (vgl. Quint, 437) »*caput animae* – Haupt der Seele«. Wenn Eckhart sie »*ein sloz oder schrin geistlicher formen*« (437,6) nennt, ist die Übersetzung »ein Behältnis« für »sloz« (Quint) zu technisch. Lexer, 2,987f. nennt auch »*schloz, burg*« (»*bürgelin*« bei Eckhart als Pendant zu »Seelengrund«). Schließlich folgt unmittelbar: »*Dise craft machet den vater der selen glîch*«[4] (7).

Im Folgenden nennt Eckhart den Aufstieg, »Aufstieg« zur »Gleichheit« »*... die usfliesende gotheit*« (7) ergießt sich »*in den sun und in den heiligen geist*«. Die Trinitätsanalogie bei Augustinus (Gedächtnis, Vernunft, Wille) klingt an; genannt wird nur »*gehugete* – Gedächtnis« und »*mit personlicher underscheidunge*« (8). Das Gedächtnis gießt den »*schaz der bilde*« (9) in die Seelenkräfte. Bilder von »Engel« oder von sich selbst »schauen« ist nur »*ein gebreste* – Schwäche«. Dasselbe gilt für das Schauen Gottes oder der Drei(-faltigkeit): »*ein gebreste*« (11f.). Der Seele müssen »*alle bilde ... abegescheiden werden*«

(13), dass sie »*allein schowet das einig ein, so vindet das bloze wesen der selen das bloze formlose wesen göttlicher einkeit*« (14f.), in der Terminologie des Dionysius ein »*uber wesende wesen* – ein überseiendes Sein« (438,1). Am Ende des ersten Abschnitts hat Eckhart sein eigentliches Ziel bereits erreicht: »*wunder über wunder*«, »*allein bloz einekeit gotiz*« zu »*erleiden*«. Hier gibt es kein Handeln mehr.

Das »*ernuwet werden an dem geiste*« bedarf noch der Interpretation (439,1-440,5). Neuwerden – das gibt es für die Engel und die Seele – aber nicht »*an got*« und seiner »*ewikeit*« (2). Die »Seele« wird (nach Aristoteles und Thomas) als »Form des Körpers« bezeichnet. »*... alse si ein geist heisset*« (440,3f.) beendet nicht einen Satz, sondern ist als Anfang des nächsten Satzes zu lesen, denn Geist ist nicht »Form des Körpers«. Wir lesen deshalb (gegen Quint): »*... alse si ein geist heisset – darumbe heisset si ein geist, wan sie abegescheiden ist ...*«. Der folgende Satz »*Aber do ...*« gehört dann zum vorausgehenden Satz (»*do*« bezeichnet – nach Lexer, 1,445 – »oft nur den Fortschritt der Rede«; dasselbe: Lexer, 1,11 zu »*aber*«). Wir übersetzen: »da sie nun ein Bild Gottes ist ...« (5). Der neu gelesene Satz ist nicht sehr schön gefügt aber jedenfalls sachlich richtig: insofern die Seele »Geist« *(spiritus!)* heißt, ist sie »abgeschieden« (lat. *separatus*) von »Hier und Nun«; sie gehört jetzt in die »Ewigkeit« Gottes und kennt kein »Neuwerden«. Sie ist »*nammeloz alse got*« (5).

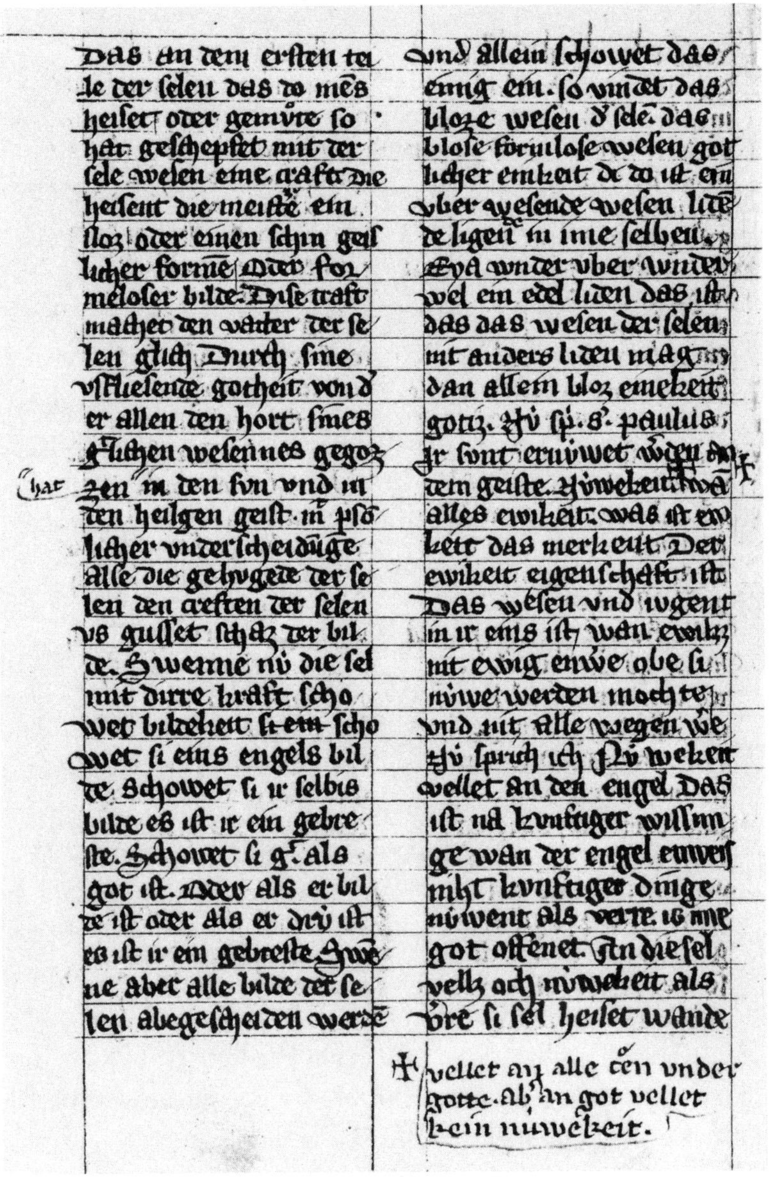

das an dem ersten te
le der selen das do mes
heiset oder gemvte so
hat geschepfet mit der
sele wesen eine craft die
heisent die meiste ein
sloz oder einen schin geis
licher forme oder for
meloser bilde. Dise craft
machet den vatter der se
len glich Durch sine
usfliesende gotheit von d
er allen den hort sines
gotlichen wesennes gegoz
zen in den sun vnd in
den heilgen geist in pso
licher vnderscheidunge
Alse die gehugede der se
len den aeften der selen
us gusset schaz der bil
de. Swenne nv die sel
mit dirre kraft scho
wet bildeheit si ein scho
wet si eins engels bil
de schowet si ir selbis
bilde es ist ir ein gebre
ste. Schowet si g. als
got ist. oder als er bil
de ist oder als er drv ist
es ist ir ein gebreste Swe
ne aber alle bilde der se
len abegescheiden werde

vnd allein schowet das
einig ein. so vindet das
bloze wesen d sele. das
blose formlose wesen got
licher einkeit die do ist ein
vber wesende wesen lide
de ligen in ime selben.
Eya wunder vber wunder
wel ein edel liden das ist
das das wesen der selen
nit anders liden mag
dan allein bloz einkeit
gotz. Zv sp. s. paulus
Ir sont ernuwet wegen an
dem geiste. Niwekeit
alles ewikeit. was ist ein
keit das merkent Der
ewikeit eigenschaft ist
das wesen vnd iugent
in ir eins ist wan ewikeit
nit ewig enwe obe si
nuwe werden mochte
vnd nit alle wegen we
Zv sprich ich nvwekeit
vellet an den engel Das
ist na kunftiger wissun
ge wan der engel enweis
niht kunftiger dinge
niwent als verre is ime
got offenet. In dieser sel
velt och niwekeit als
vre si sel heiset wande

vellet an alle den vnder
gotte. Ab an got vellet
kein nuwekeit.

Abb. 5 Textfragment aus der Predigt 83: »dass an dem obersten Teil der Seele… sofern sie ›Seele‹ heißt. Darum«, s.S. 39f.

Schweig und lass das Gekläff von Gott!
[441,1 – 443,7]

Der zweite Teil der Kollation bringt bereits zum zweitenmal »*Nu merkent*«. Zusammen mit »*Do von swig und klafe* (kläffe) *nit von gotte* ...« (442,4) hört man den Ton des Oberen, der mit den seiner Vorsorge anvertrauten Mönchen redet. Inhaltlich dominiert: »*got ist nâmloz*« (441,1). Diese Einheit sieht Eckhart bei Proklos bekräftigt (»*Liber de causis*« – Buch von den Ursachen). »... *die erste sache ist uber alles sprechen und verstan*« (4). In paradoxer Form wird Gott abgesprochen, dass er »*guot*« (4) und »*wîse*« – weise (9) ist. Gut und weise können zum Komparativ und Superlativ gesteigert werden (besser, bestes). Diese Steigerungen »*sind verre von gotte*« (8).

Das »Opus tripartitum«, dessen Anfang Eckhart niedergeschrieben hat, formuliert: »*Esse est deus*« LW 1,129,11 u.ö.), »Sein ist Gott« oder »Gott ist Sein«. Mir scheint, Eckhart hat das nicht weiter ausgeführt, weil er es nicht schreiben wollte. Die Formel identifiziert Sein und Gott; sie macht die Begriffe austauschbar und ermöglicht so auch deren Umkehr. Im Widerspruch zum »Opus tripartitum« heißt es hier: *Sprich ich och:* › *Got ist ein wesen* (= Sein)‹ – *es ist nit war* (= wahr)« (441,9f.). Wie das? Dasjenige, was Eckhart in »Prologus« zum »Opus tripartitum« formuliert (und zwar hier im Anschluss an Avicenna[5]) ist Metaphysik; die deutschen Predigten und Kollationen dokumentieren »unvermittelt« empfangene mystische Gotteskunde. Die hier zu Wort kommende (negative) mystische Theologie geht auf Dionysius zurück,[6] der bereits zweimal erwähnt wurde. Besonders paradoxe und negative Formulierungen stammen (fast immer) von ihm: »*Er ist ein uber swe-*

bende wesen und eine uber wesende nitheit« (442,1f.). Auch Augustinus hat Neuplatonismus rezipiert. Eckhart zitiert ihn »*Das schoneste, das der mensche gesprechen mag von gotte, das ist, das er von wisheit inneren rîchtuomes swigen kunne*« (442,2f.). Daraus ergibt sich der Imperativ: »*swig und klafe nit von gotte*« (4). Wer von Gott kläfft, der redet Unwahres und ist ein Sünder. »*Du solt och nit verstan von gotte, wand got ist uber allis verstan*« (5f.). Einer, der etwas zu verstehen glaubt, der gelangt lediglich »*in ein unverstandenheit*« und wird töricht wie das »Vieh« (»*viehelichheit*«) - 443,2f. Um nicht »*viehelich*« zu werden, verstehe man nichts »*von dem ungeworteten gote*«.[7] »Ungewortet« heißt: ›durch Worte nicht ausgedrückt‹, während das Adverb »*unsprechelich*« in Predigt 17 den Zustand der »Un-sprech-bar-keit« betont. Eckhart hat das Mittelhochdeutsche um seinen »stammelnden« Wortschatz bereichert, den man für die Mystik gebrauchen muss.

Die Frage »*Ach, wie soll ich danne tuon?*« verweist auf Kollation (Lehrgespräch). Eckharts Antwort gehört zum Schönsten dieses Textes, weshalb wir sie vollständig zitieren: »*Du solt alzemale enzinken diner dinisheit und solt zer fliesen in sine sinesheit und sol din din und sin sin ein min werden als genzlich, das du mit ime verstandest ewiklich sin ungewordene istigkeit* (= puritas essendi / reine Seinsheit) *und sin ungenanten nitheit*« (443,5-7). »Ungewordenes reines Sein – ungenannte (= niemals benannte) Nichtheit« – letzteres Wort begegnet nach Quint nur an dieser Stelle. Durch solche Aussage gibt die Kollation ihren Autor zu erkennen, mit dem sich in seinem Sprachraum kein anderer vergleichen lässt.

ICH UND GOTT WERDEN »EINER«
[444,1 – 448,11]

Der letzte Abschnitt beginnt mit einer letzten Zitation von Epheser 4,23, nur dass Eckhart jetzt »*mens – gemüete*« weglässt und sich auf »*an dem geiste*« (444,1) beschränkt. Die Erneuerung setzt die »Vergoldung« der sechs Seelenkräfte voraus: von denen »*iegelich haben* (muss) *ein guldin vingerlin, uber guldet mit dem golde gotlicher minnen*« (3f.). Gold war schon in Predigt 17 das Bild der Vergöttlichung. Eckhart zählt die drei niederen und die drei höheren Seelenkräfte auf und gibt dem »goldenen Fingerring« eine allegorische Deutung. Nach Quint, der Predigt 14 zum Vergleich heranzieht, stammen die drei niederen Kräfte von Aristoteles; die drei höheren Kräfte sind der Ternar, durch den Augustinus *(De trinitate)* die Dreifaltigkeit in der Analogie der Seele – wenn auch unzulänglich – abgebildet sieht. Predigt 14 kehrt die Reihenfolge um: erst Augustinus, dann Aristoteles. Da die Predigt nur in einer Handschrift und dort offenbar mit Lücken überliefert wird, spricht sie von den *3* (sic!) *niedern Kräften*, nennt aber nur die erste von ihnen: »*eyn tzornege kraft*« (= eine zornige oder zürnende Kraft) – 1,231,6. Während in 14 die zwei mal drei Kräfte nur ›anklingen‹ und Demut vor Gott das Hauptthema ist, bietet 17 eine breitere Darstellung.

Die erste der aristotelischen (niedern) Kräfte heißt »*bescheidenheit*« (= Verständigkeit) *rationalis* (445,1). Ihre Wirkung ist »*das liecht, das diu bescheidenheit zu allen ziten sunder zit*« (der Mensch hat Zeiten; Gott ist ewig = »ohne Zeit«) *irluchtet si mit dem gotlichen liechte*« (1f.). – Die zweite heißt »*zurnerin, irascibilis*«. Ihre Wirkung ist »*din fride*« (4). Friede wird beschrieben wie in »Reden der Unterscheidung« (5,308,4ff.):

»in Frieden sein«, das ist: »in Gott sein«. Wenn die »Zürnerin« (Abbild des Vaters) Frieden wirkt, so zeugt das davon, dass es Stärke voraussetzt, Frieden zu erlangen. Die dritte Kraft »*heiset begerunge, concupiscibilis*«. Trägt Begehren den goldenen Ring, so wird es zur »Genügsamkeit« (5 ff.). Man begnüge sich mit allen Kreaturen, »*die under got sin*« (6). Aber »*gottes mac* (kann) *niemer begnugen*« (niemals sich genügen lassen – 7). Je mehr du »*gottes hast*«, desto mehr »*du sin begerst*« (8). Wäre das nicht so, sondern träte es ein, »*das ein begnugen an got viele, so were got got nit*« (9). So steht die dritte der niedern Kräfte vor Gottes unermesslicher Fülle, vor der es kein Genügen gibt.

Die obersten Kräfte nach der Trinitätslehre des Augustinus sind »*memoria* - Vater, *intellectus* (in Predigt 14 *intelligentia*) – Sohn und *voluntas* – Heiliger Geist. Man muss wissen, dass sich Augustinus in seinem Buch über die göttliche Dreifaltigkeit in immer neuen Anstrengungen um Analogien für diese bemüht. Die Dreiheit, die Augustinus in der menschlichen Seele findet, ist dabei die bekannteste und eindrucksvollste. In der Tat ist *memoria* - Erinnerung / Gedächtnis Eigenheit des Vaters und wird dem Sohn, der am Beginn des Johannesevangeliums »Wort«, der *intellectus*, nämlich das Verstehen heißt, zugeordnet. Das Verstehen des Kleinkindes beginnt mit dem Wiedererkennen des Gesichts der Mutter. Es »erinnert sich« an das Gute, die Nahrung, die sich mit diesem Gesicht verbindet – eine erste Leistung des »Verstehens«. Im Lächeln des Sich-Erinnerns sind auch Ansätze von »Liebe« (von *voluntas* / Willen) enthalten: der Geist Gottes als die Liebe Gottes.

Das ist freilich nur ein »Bild« der Dreifaltigkeit. Auf der Ebene Gottes geht es der *memoria* gerade darum, »*das du al ewige ding in dir enthalten solt«* (446,4) die Kraft des *intellectus* hat man dazu, »*das du got zuo allen zitten solt bekennen* (= erkennen) ... *âne bilde, âne mittel und ane glichnis.«* Diese drei braucht man zur Erkenntnis seiner selbst und der Dinge (= Kreaturen). Die wortlose, namenlose Erkenntnis Gottes findet »*ane mittel«* statt (447,2f.). Solches Erkennen setzt eine Wandlung des Seins voraus. »*Got muos vil bi* (= beinahe: Lexer, 3.349)[8] *ich werden und ich vil bi got«* (447,5). Ich und Gott werden »Einer«, vor allem im Hinblick darauf, dass die beiden »*ewiklich ein werk wirkent«* (6). Das bringt großen Gewinn (*vil nüzze* - dieser Plural gilt eigentlich für *nuz* - Nuss; in gängiger Orthographie ist der Plural von »*nutz«* »*nütze«*).

Das Folgende »*ein einig › hie‹ oder* (besser: *und*) *ein einig › nu‹* « (7) trennt Quint von Vorhergehenden durch Punkt und macht es zum selbstständigen Satz, an den sich das Folgende nur anschließen lässt, indem drei Zeilen Konjektur-Text (Länge nach Largier) hinzukonstruiert werden. Richtiger lesen wir: »*das ist got und die sêle, ein einig › hie‹ oder* (und) *ein einig › nu‹ . So mochte dies › ich‹ mit dem › er‹ niemer gewirken noch ein gewerden«* (7f.).[9] Der mit »*so«* beginnende Folge-Satz hat wohl adversativen Charakter: »sonst (= wäre das nicht so!) könnte dies › ich‹ mit dem › er‹ niemals wirken noch Eins werden« (vgl. Lexer, 2,1048, II.5). – »*Die dirte* (= dritte) *craft heiset wille, voluntas* (bei Augustinus auch: *amor*). *Diese craft glîchet* (vergleicht) *man dem heiligen geiste«* (8f.). Voluntas / amor bedeutet, »*das du got minnen solst«* (10). Paradox wird die Weisung in der Formulierung: »*Du solt got minnen sunder minneklicheit ... wand got ist unminneklich«* (11f.). Wieder im Sinn des Dionysius ist Gott »*uber alle minne und minneklicheit«* (12f.). Für »*minneklicheit«* ziehe ich die Übersetzung »Liebreiz« vor, denn »Liebenswürdigkeit« (Quint) ist mehrdeutig.

– Aus dem Hörerkreis kommt die Frage: »*Wie sol ich dan got minnen?*« Die Antwort beginnt paradox: »*Du solt got minnen nichgeistliche ... entplözet aller geistekeite*« (447,12f.). Geist hat hier offensichtlich nicht mehr den Sinn von »spiritus«, sondern von »intellectus – intelligentia«. Wie vorher beim »Erkennen« erhält »voluntas« oder »minne« seinen goldenen Ring: Gott gegenüber geziemt eine Liebe ohne »*bilde*« und »*mittel*«, denn diese verfestigen den Dualismus Gott und Seele und gelangen so nicht zur Einheit: »*Die wile si mittel hat, so hat si nit einikeit noch einberkeit*« (= Vereinigung – 448,3). Aber »*recht minnen lit an einberkeit*« (4). Die Liebe der Vereinigung ist »*geisteloz*«, eine – angesichts der hohen Wertschätzung der Vernunft, die von Eckhart sonst dargestellt wird – eher seltene Aussage. Sie gewinnt ihren Sinn durch die Relation Gott-Mensch. Durch Gott wird das Sein der Seele bestimmt. Er soll nicht geliebt werden, »*als er geist ist, als er person ist und als er bilde ist – es muos alles abe*« (6). Wieder sind die Zuhörer überfordert und ratlos: »*Wie sol ich in denne minnen?*« (8). Die Antwort bedient sich der negativen Theologie (Dionysius!): Liebe ihn »*als er ein nit-got, ein nit-geist, ein nit-persone, ein nut-bilde* (die Handschrift hat offenbar hier u statt i), *mehr: als er ein luter pur clar Ein ist, gesundert von aller zweiheite. Und in dem Einen sulen wir ewiklich versinken von nite zuo nute*« (7-9). Die Aufhebung des Dualismus der *adwaita*, wie es im Sanskrit heißt, lässt die Seele im »Nicht« Gottes versinken. Die »*nit-persone*« von Zeile acht weist darauf hin, dass auch die »Glaubensformel« der Dreipersonalität Gottes »*abe*« muss.

Zusammenfassung:
Einheitsmystik in höchster Form

Das Ergebnis des Textes ist: Die Seele hat Gott nicht mehr »gegenüber«. Ist das der Grund, weshalb sich die Du-Anrede Gottes bei Eckhart nicht findet? Sie unterbleibt auch in der Schlussformel »*Dis helf got*«. Weil aber die Schrift des AT (Psalmen) und des NT (»Vater unser« ... dein Name – dein Reich – dein Wille) Gott mit Du anredet, ist Eckhart hier nicht schriftgemäß. Der eigentliche Anstoß: Die Orthodoxie der Schrift (sofern es eine solche gibt) wird verlassen – in einer ›schriftlosen‹ Mystik. Mit Metaphysik hat das ohnehin nichts mehr zu tun. Ohne Vorbilder ist der Wegfall des Du nicht: vgl. Ps 103. Im Ps 62 »Zu Gott allein ist Stille meine Seele« wird in der dritten Person von Gott gesprochen. Erst zum Schluss heißt es: »Bei Gott ist die Macht, und bei dir, Herr, die Güte.« Hinter »Herr« steht »JHWH = Er ist da« – auch ein Name, der ohne Anrede auskommt. Die Juden sprechen ihn nicht aus; sie sagen »*ha schem* – der Name« wenn sie das »JHWH« zu lesen vermeiden. In der Schweigsamkeit Eckharts finden sich auch alle die Religionen wieder, die keinen »persönlichen« Gott kennen. Auch »Person« ist nicht Gottes wirklicher Name, sondern nur »Gestammel«.

Dass der Text von Predigt 83 im Prozess gegen Eckhart weder in Köln noch in Avignon auftaucht, könnte daran liegen, dass er eben nicht als »Belehrung von Ungelehrten«[10] vorgetragen, sondern theologisch geschulten Ordenszuhörern vorgelegt und vielleicht deshalb auch spärlich überliefert ist. Hierbei mögen auch die – trotz aller Konsequenz und Klarheit des Textes – gelegentlich begegnende Schwierigkeiten der (niedergeschriebenen) Aussagen mitgewirkt haben.

Für uns handelt es sich um ein Stück des mittelhochdeutschen Werks Eckharts, das seine Einheitsmystik in höchster theologischer Reflexion und aus der »Erfahrung« Gottes stammend mit einer klaren Entscheidung für das »Nicht« so überzeugend repräsentiert, dass es mehr Beachtung finden sollte. Für den Leser, der Eckhart liest, um einen spirituellen Gewinn zu haben, sei der Hinweis gestattet, dass man nicht am Anfang der Lektüre Eckharts sondern an ihrem Ende Predigt 83 lesen sollte. Bitten, beten, Gott anrufen, gehen schon bei den ersten großen Theologen der Patristik in Schweigen über. »Im Schweigen beten wir an«: Klemens von Alexandrien. Den gleichen Gedanken formuliert Eckhart folgendermaßen: »... *alle stimme und alle lûte die müezen abe* (alle Laute müssen weg) *und muoz ein lûter stilnisse dâ sîn, ein stillesswîgen*« (Predigt 19, DW 1,312,8f.). Der Überdruss an einer Formulierung von Dogmen, die lediglich die Machtfülle der Institution steigern, aber sich dem Vermächtnis des gekreuzigten Jesus in den Weg stellen (Jurisdictionsprimat, I. Vaticanum), lässt die dogmatische Abstinenz dieser Mystik als wohltuend erscheinen.

> so hat si mittel. Die wile
> si mittel hat so hat si
> nit einikeit noch einber-
> keit. Die wile si einber-
> keit nit enhat so genü-
> gete got nie rechte. Waz
> recht minnen lit an ein-
> berkeit. Har vmbe sol
> dú sel nithgestig sin vō
> allen geisten vnd sol stan
> geisteloz. Wan minnestu
> got alse er got ist als er
> geist ist als er pson ist
> vnd als er bilde ist es
> můs alles Abe, wie sol
> ich in denne minnen.
> Dú solt in mine als er
> ist. Ein mit got. Ein mit
> geist. Ein mit pson. Ein
> mit bilde. Ja er als er ein
> luter pur clar. Ein ist
> gesondert von aller zwei-
> heite. vn̄ in dem einen sul-
> len wir ewiklich v'sinke
> von nite zú nüte. Diz
> helf g̈. amen.

Abb. 6 Schluß der Predigt 83: »hat sie › Vermittelndes‹ ... Dazu helfe (uns) Gott. Amen.«, s.S. 44

III
KREATUREN ALS GOTT

PREDIGT 56

Nolite timere eos, qui corpus occidunt, animam autem occidere non possunt (Matth. 10,28)[1]

Fürchtet nicht jene, die den Leib töten, die Seele aber nicht / töten können (Mt 10,28)

1 Mittelhochdeutscher Text nach Pfeiffer[2]

[179,12] Fürhtent niht die iuch toeten wellent an / dem libe, wan die sêle enmügent si niht toeten'; wan geist entoetet niht / geist. Geist git geiste leben. Die iuch toeten wellent daz ist bluot / unde fleisch, unde daz stirbet mit einander. Daz edelste, daz an dem [15] menschen ist, daz ist bluot, sô ez wol wil. Aber daz ergeste, daz / an dem menschen ist, daz ist bluot, sô ez übel wil.

2 Übersetzung des Textes

[179,12]. Fürchtet nicht, die euern Leib töten / wollen (denn die Seele können sie nicht töten)[3]; denn Geist tötet nicht / Geist. Geist gibt dem Geiste Leben. Die euch töten wollen, (was die töten) das ist Blut [15] und Fleisch, und das stirbt miteinander.[4] Das Edelste, das am Menschen ist, das ist Blut, wenn es recht will. Aber das Ärgste, das / am Menschen ist, das ist Blut, wenn es übel will.

Gesiget daz / bluot dem fleische an, sô ist der mensche dêmüetic, gedultic unde / kiusche unde hât an ime alle tugent. Gesiget aber daz fleisch dem / bluote an, sô wirt der mensche hôchvertic, zornic und unkiusche [20] unde hât alle untugent an ime. Hie ist gelobet sant Johannes, den / got selbe gelobet hât.

Nû merkent, ich wil nû sprechen daz ich nie mê gesprach. Dô / got himel, erde und alle crêatûren geschuof, dô worhte got niht; ern / hâte niht ze würkenne, in ime was ouch kein werc. Dô sprach got [25] / wir machen einen glîchen.' Schepfen ist ein liht dinc: daz tuot man / swenne und swie man wil. Aber daz ich mache, daz mache ich selbe / mit mir selben und in mir selben unde drücke mîn bilde zemâle dar / in. Wir machen einen glîchen': niht dû vater noch dû sun noch dû / heiligeist, mêr: wir in dem râte der heiligen drivaltikeit wir machen [30] einen glîchen.

Siegt das / Blut über das Fleisch, so ist der Mensch demütig, geduldig und / keusch, und er besitzt alle Tugenden. Siegt aber das Fleisch über das [20] Blut, so wird der Mensch hochmütig, zornig und unkeusch / und wird von allen Untugenden besessen. Hierin ist Sankt Johannes (der Täufer) gelobt. Ich / kann ihn nicht mehr loben,[5] Gott hat ihn mehr gelobt.

Bemerkt es: Ich will jetzt (etwas) sagen, das ich nie mehr gesagt habe. Als / Gott Himmel und Erde und alle Kreaturen schuf, da »wirkte« Gott nicht; er hatte / [25] nichts zu wirken, in ihm war auch kein Werk. Da sprach Gott: / »(Lasst uns) einen Gleichen machen!« Schaffen ist eine leichte Sache – das tut man / stets, wenn und wie man (es) will. Aber (das), was ich mache, das mache ich selbst / und [6] mit mir selbst und in mir selbst und drücke mein Bild ganz und gar / hinein. ›(Lasst uns) einen Gleichen machen‹: nicht du, Vater, noch du, Sohn, noch du, [30] heiliger Geist; vielmehr – wir im Rat der heiligen Dreifaltigkeit, wir machen / einen (uns) Gleichen.

Dô got den menschen gemahte, dô worhte er in der sêle sin / glîch werc, sin wirkende unde sin iemer werendez werc. Daz werc / was sô grôz, daz ez anders niht enwas dan diu sêle: diu was daz / werc gotes. Gotes nâtûre, sin wesen unde sin gotheit hanget dar an, [35] daz er muoz wirken in der sêle. Got segen, got segen! dô got würket [180,1] in der sêle, dô minnet er sin were. Daz werc ist diu minne unde / diu minne ist got. Got minnet sich selben unde sin nâtûre, sin we- / sen unde sin gotheit. In der minne, dâ sich got minnet, dâ inne min- / net er alle crêatûren. Mit der minne, dâ sich got minnet, dâ mite [5] minnet er alle crêatûren, niht als crêatûren, mêr: crêatûren als got. / In der minne, dâ sich got inne minnet, dâ inne minnet er alliu dine.

Als Gott den Menschen machte, da wirkte er in der Seele sein Werk, / ihm gleich – sein wirkendes Werk[7] und sein immerwährendes Werk. Das Werk war so groß, / dass es nichts anderes war als die Seele, und die Seele war nichts anderes, als das Werk Gottes[8] – eben sie [35] war das Werk Gottes. Gottes Natur, sein Wesen und seine Gottheit hängen daran, / dass er in der Seele wirken muss. Gesegnet sei Gott, gesegnet sei Gott! Wenn Gott in der Seele [180,1] wirkt, da liebt er sein Werk. Das Werk ist so groß, dass dies Werk nichts anderes ist als die Liebe, und / die Liebe ist nichts anderes als Gott[9]. Gott liebt sich selbst und seine Natur, sein Wesen / und seine Gottheit. In der Liebe, da sich Gott liebt, darin liebt / er alle Kreaturen. Mit der Liebe, da sich Gott liebt, damit [5] liebt er alle Kreaturen, (zwar) nicht als Kreaturen, vielmehr: Kreaturen als Gott. / In der Liebe, darin sich Gott liebt, darin liebt er alle Dinge.

Nû wil ich sprechen daz ich nie gesprach. Got smacket ime sel- / ber. In dem smacke, dâ sich got inne smacket, dâ inne smacket er / alle crêatûren. Mit dem smacke, dâ sich got smacket, mit dem sma- [10] cket er alle crêatûren, niht als crêatûren, mêr: crêatûren als got. In / dem smacke, dâ sich got inne smacket, in dem smacket er alliu dinc. / Nû merkent. Alle crêatûre hânt iren louf ûf ir hôhestê vollekomen- / heit. Nû bite ich iuch, daz ir vernement bi der êwigen wârheit unde / bi iemer wernder wârheit unde bi miner sêle. Nû wil ich aber spre- [15] chen daz ich nie gesprach: got unde gotheit hât underscheit als / verre als himel und erde. Ich spriche mê der inner und ûzer mensche / die hânt alse verre underscheit als himel und erde. Got hât vil tû- / sent milen dar obe. Got wirt und entwirt. Nû kum ich wider ûf / mine rede: got smacket ime selber in allen dingen. Diu sunne wir- [20] fet ûz iren liehten schin ûf alle crêatûren, unde dâ diu sunne iren / schin ûf wirfet, daz ziuhet si in sich unde verliuret doch niht ir / schinlicheit. Alle crêatûren verzihent sich irs lebens ûf ir wesen.

Jetzt will ich sagen, was ich (noch) nie gesagt habe. Gott schmeckt sich / selber. In dem Geschmack, darin sich Gott schmeckt, in dem schmeckt er / alle Kreaturen. Mit dem Geschmack, da sich Gott schmeckt, mit dem [10] schmeckt er alle Kreaturen, nicht als Kreaturen, vielmehr: Kreaturen als Gott. In / dem Geschmack, darin sich Gott schmeckt, in dem schmeckt er alle Dinge. / Bemerkt es: Alle Kreaturen haben ihren Lauf zu ihrer höchsten Vollkommen- / heit. Nun bitte ich euch, dass ihr (es) versteht bei der ewigen Wahrheit und / bei (der) immerwährenden Wahrheit und bei meiner Seele. Ich will jetzt aber sagen, [15] was ich (noch) nie gesagt habe. Gott und Gottheit sind so fern voneinander verschieden / wie Himmel und Erde. Ich sage (noch) mehr: der innere und der äußere Mensch, / die sind fern voneinander verschieden, wie Himmel und Erde. Gott ist viele tausend / Meilen darüber. Gott wird und ent-wird. Nun kehre ich zu / meiner Aussage zurück: Gott schmeckt sich selber in allen Dingen. [20] Die Sonne gießt ihren lichten Schein auf alle Kreaturen. Und worauf die Sonne / ihren

/ Alle crêatûren tragent sich in mine vernunft, daz si in mir vernünf- / tic sint. Ich alleine bereite alle crêatûren wider zuo gote.

[25] Wartent, waz ir alle tuont. Nû kum ich wider ûf minen inren / und ûf minen ûzern menschen. Ich sihe an die lylien ûf dem velde / und iren lichten schin und al ir varwe und an al ir bletter. Aber / ir swelge den en- sihe ich niht. War umbe? Dâ ist der swelge in / mir. Aber daz ich spri- che, daz ist in mir und ich spriche ez ûzer [30] mir. Alle crêatûren die smackent irme ûzern menschen als crêatû- / ren, als win unde brôt unde fleisch. Aber minen inren menschen / ensmacket niht als crêatûre, mêr: als gâbe gotes. Aber min innerster / mensche ensmacket sie niht alse gâ- ben gotes, mêr: als ie und iemer. / Ich nime ein beckin mit wazzer unde lege dar in einen spiegel unde [35] setze ez under daz rat der sunnen,

Schein ausgießt, das zieht sie in sich und verliert doch nicht ihre Leucht- kraft. / Alle Kreaturen streben von ihrem Leben zu ihrem Wesen. Alle Kreaturen gelangen in meine Ver- nunft, / damit sie in mir ›vernünftig‹ sind. Ich allein mache alle Kreaturen wieder für Gott bereit. / Wartet (Achtet darauf), was ihr alle tut!

[25] Nun komme ich wieder zu mei- nem inneren und zu meinem äußeren Menschen. / Ich sehe die ›Lilien auf dem Felde‹ an und ihren lichten / Schein und ihre Farbe und all ihre Blätter. Aber ihren Duft, / den sehe ich nicht: Warum? Weil der Duft in / mir ist. Aber, was ich spreche, das ist in mir, und ich spreche es aus mir heraus. [30] Alle Kreaturen schme- cken meinem äußeren Menschen wie Kreaturen, / wie Wein und Brot und Fleisch. Aber meinem inneren / Menschen schmeckt nichts als Krea- tur, vielmehr als Gabe Gottes. Aber mein innerster / Mensch schmeckt sie nicht als Gabe Gottes, vielmehr: alle- zeit und immer. / Ich nehme ein Be- cken mit Wasser und mache, dass in ihm ein Spiegel liegt[10] (dass der Was-

sô wirfet diu sunne ûz irn liehten / schin ûzer dem rade und ûzer dem bodem der sunnen unde vergêt / doch niht. Daz widerspiln des spiegels in der sunnen daz ist in / der sunnen Sunne, und er ist doch daz er ist. Alsô ist ez umbe / got. Got ist in der sêle mit siner nâtûre, mit sime wesenne unde / [40] mit siner gotheit und er enist doch niht diu sêle. Daz widerspiln [181,1] / der sêle daz ist in gote. Got unde si ist doch daz si ist. Got der / wirt dâ alle crêatûren. Gotes sprechen dâ gewirt got.

Dô ich stuont in dem grunde, in dem bodem, in dem river und / in der quelle der gotheit, dâ frâgete mich nieman, war ich wolte / oder waz ich tête: dâ enwas nieman, der mich frâgete. Dô ich flôz, [5] / dô sprâchen al crêatûren got. Vrâgete man mich: bruoder Eckehart, / wenne giengent ir ûzerme hûse? Dô was ich dâ inne.

serspiegel [35] widerspiegelt) und setze es unter das Rad der Sonne, so gießt die Sonne ihren lichten / Schein aus, (er kommt) aus dem Rad und aus dem Boden der Sonne und (der Schein der Sonne) vergeht / doch nicht. Das Zurückstrahlen des Sonnenspiegels, das ist / in der Sonne (als) Sonne.[11] Und er (der Wasserspiegel) ist doch, was er ist. – Ebenso steht es mit / Gott. Gott ist in der Seele mit seiner Natur, mit seinem Wesen und mit [40] seiner Gottheit, und doch ist er nicht die Seele. Das Zurückstrahlen [181,1] der Seele, das ist in Gott (als) Gott. Und sie (die Seele) ist doch, was sie ist. Gott wird / da (bei) allen Kreaturen. (Durch) Gottes Sprechen, da wird (der Schöpfer-)Gott.[12]

Als ich am Grunde, auf dem Boden, im Fluss und in der Quelle / der Gottheit war, da fragte mich niemand, wohin ich wollte [5] oder was ich täte. Da gab es niemanden, der mich fragte. Da ich ausfloss (bei der Schöpfung), da sprachen alle Kreaturen »Gott«! Fragte man mich: »Bruder Eckehart, / wann gingt Ihr aus dem Hause?« Da war ich (vorher) drin-

Alsô sprechent / alle crêatûren von gote. Und war umbe sprechent sie niht von der / gotheit? Allez daz, daz in der gotheit ist, daz ist ein, unde dâ von / ist niht ze sprechenne. Got wirket, diu gotheit wirket niht, si en- [10] hât niht ze wirkenne, in ir ist keine werc. Si geluogete ûf nie kein / werc. Got unde gotheit hât niht ze wirkenne, in ir ist kein werc. Si geluogete ûf nie kein / werc. Got unde gotheit hât underscheit an würken und an niht- / würken. Swenne ich kume wider in got, blibe ich dâ niht, sô ist / min durbrechen vil edeler danne min ûzfluz. Ich alleine bringe alle / crêatûren ûz ir vernunft in min vernunft, daz sie in mir eine sint. [15] Swenne ich kume in den grunt, in den bodem, in den river und in / die quelle der gotheit, sô frâget mich nieman, wannen ich kome oder / wâ ich si gewesen. Dâ vermiste min nieman, daz entwirt.

nen. Ebenso sprechen / alle Kreaturen von Gott. Und warum sprechen sie nicht von der / Gottheit? Alles, was in der Gottheit ist, das ist Eines, und davon [10] ist nicht zu sprechen. Gott wirkt, die Gottheit wirkt nicht. Sie hat / auch[13] nichts zu wirken, in ihr ist kein Werk. Sie blickte niemals nach einem / Werk aus. Gott und Gottheit sind verschieden – im Wirken und im Nichtwirken. / Wenn ich je wieder in Gott (zurück-)komme, und dort nicht bleibe[14] (sondern in die Gottheit eingehe)[15], / dann ist mein Durchbrechen viel edler als mein Ausfluss. Ich allein bringe alle [15] Kreaturen aus ihrer (ihnen innewohnenden) Vernunft in meine (mir eigene) Vernunft, sodass sie in mir / Eines sind. Wenn ich je in den Grund, auf den Boden, in den Fluss und in die Quelle / der Gottheit komme, so wird mich niemand fragen, woher ich komme oder wo / ich gewesen sei. Da hat mich niemand vermisst. Da ent-wird[16] Gott.

Swer dise predie hât verstanden, dem gan ichz wol. Wêre hie / nieman gewesen, ich müeste si disem stocke geprediet hân. Ez sint [20] etliche arme lute, die kêrent wider heim unde sprechent: ich wil / sitzen ûf eine stat und ezzen min brôt unde dienen gote. Ich spriche / bi der wârheit, daz dise liute müezent verirret bliben noch niemer / mügent ervolgen noch erkriegen, daz die andern ervolgent, die gote / nâch volgent in armüete und in ellendekeit. Amen.	Wer je diese Predigt verstanden hat, dem gönne ich's wohl. Wäre hier [20] niemand gewesen, ich müsste sie diesem Opferstock gepredigt haben. Es gibt / da etliche arme Leute, die kehren wieder heim und sagen: »Ich will / an meiner Stätte bleiben[17] und mein Brot essen und Gott dienen.« Ich sage / bei der ewigen[18] Wahrheit, dass diese Leute im Irrtum bleiben müssen und können / niemals erlangen noch erreichen, was die andern erlangen, die Gott [25] nachfolgen in Armut und Elend[19]. Amen.

3
Interpretation

Vorbemerkungen

Nach Quint sollte Eckhart diese Predigt am Fest der Enthauptung Johannes des Täufers, 29. August, gehalten haben, denn das alte Dominikaner-Missale hat Matthäus 10,28ff. als Evangelium dieses Festes. Die Predigt gehört zum Großartigsten und Radikalsten, was Eckhart geäußert hat. Warum hat Quint diese Predigt nicht in »Deutsche Werke (DW), 1-3« aufgenommen, obwohl er doch sechs weitere Handschriften aufgefunden und aus ihnen Textbesserungen[20] vorgeschlagen hat? Der Text der ohnehin kurzen Predigt verlässt den Anfang des Evangeliums schon nach vier Zeilen (Pfeiffer, 179,12-15)[21]. Zwei Gründe lassen sich vermuten:

1. Ein schlüssiger, verständlicher Text ist – trotz der ergänzenden Handschriften – nicht leicht zu rekonstruieren.
2. Die theologische Radikalität und – dogmatisch gesehen – mangelnde Orthodoxie machen dem Germanisten die Arbeit schwer, indem sie ihn vor Probleme stellen, die er nicht lösen kann.
3. Schließlich legt sich die Vermutung nahe, dass Eckhart zwar die Predigt gehalten hat (Stil, Radikalität!), aber wohl nicht selbst aufgeschrieben hat. Wie soll man sonst begründen, dass sie im Prozess keine Rolle spielt und in der Apostolischen Konstitution höchstens indirekt »mitverurteilt« wird? Offenbar lag sie den Denunzianten in Köln und den Gutachtern in Avignon nicht vor.

Dass Titel und Einleitung der Predigt (179,11-22) im Folgenden auch nicht andeutungsweise interpretiert werden, also Johannes der Täufer und das Evangelium seines Festes ungenannt bleiben, dass die Predigt relativ kurz ist und dass ein eigentlicher Predigtschluss fehlt, ist ebenfalls auffällig. Die Überlieferung von Predigt 56 [LVI] ist brüchig; darum hat Quint, der die Predigt für echt hielt, ihre kritische Edition wohl für Band 4 aufgespart.

Einleitung [179,11-22]

Das Evangelium des Festes der Enthauptung Johannes des Täufers wird lateinisch zitiert und teilweise übersetzt (wobei der Wegfall von »denn die Seele können sie nicht töten« in der Mehrzahl der Handschriften kaum einsichtig ist).

Der Autor fährt fort »*Die iuch toeten wellent, daz ist bluot und fleisch*« (14f.). Die beiden stehen gegeneinander. Siegt das Blut über das Fleisch, »*so ist der mensche dêmüetic, geduldic und kiusche*« (18f.) und hat alle Tugenden. Siegt das Fleisch über das Blut, so tritt das Gegenteil ein: »*... sô wirt der mensche hochvêrtic* (hochmütig), *zornic und unkiusche*« (20) und hat alle Untugenden: »*kiusche*« und »*unkiusche*« kommen in den kritisch edierten Predigten DW 1-3 überhaupt nicht vor. »Keusch« begegnet in »Vom edlen Menschen« einmal als Paulus-Zitat; »Keuschheit« wird in den »Reden der Unterscheidung« einmal gebraucht. Dort wird Gott als »Lehrer der Keuschheit« gepriesen.

Der ganze Abschnitt ist uneckhartisch und hat mit den folgenden Abschnitten nichts zu tun.

Eigenartig ist auch, dass in einer Festpredigt von Johannes dem Täufer gesagt wird: »*Ich enkan in niht mê geloben*« (zu 21). Das wäre doch gerade erst Aufgabe einer solchen Ansprache gewesen! Fazit: Der erste Absatz kann nicht Eckhart zugewiesen werden.

Auslegung

GOTT ALS SCHÖPFER – ER »MACHT EINEN GLEICHEN«.
[179,23 – 180,6]

Mit der bei Eckhart häufigen Aufforderung: »*Nu merkent*« (23) – in Lateinischen Werken (LW) begegnet es häufig als »*nota*« – setzt Eckhart mit Gedanken über Gott als Schöpfer ein, die er selten vorgetragen hat: »*ich will nû sprechen, daz ich nie mê gesprach*« (23). Dass Gott nicht »*worhte*«, als er Himmel und Erde »*und alle crêatûre geschuof*« (24), klingt ungewöhnlich. Dass in ihm kein Werk war, deutet darauf hin, dass die Schöpfung noch bevorstand und »Himmel und Erde und alle Kreaturen« noch in Gott (der Gottheit) verblieben. »*Schepfen ist ein liht dinc*« (26), gegenüber: *daz ich mache*« (27) – eine offenbar wichtige und schwere Sache -, zeigt einen Sprachgebrauch, der höchst eigenartig ist. Mängel der Überlieferung?

Die Sache ist jedoch klar: Das Erste, was für Eckhart zählt, ist der in Gen 1,26 aufbewahrte Entschluss Gottes, den Menschen zu erschaffen: »*Wir machen einen glichen*«, gleich zweimal zitiert (29.30f.). Dass Gott als »*wir*« spricht, deutet Eckhart als Wirken »*der heiligen drîfaltigkeit*« (30).

Das Interesse verbleibt nun ausschließlich beim Menschen. Die Seele ist das »gleiche Werk«, »*sîn iemer werendez werc«* (33). Eckhart steigert sich: Die Seele war das große Werk. »*Gotes nâtûre, sîn wesen unde sîn gotheit hanget daran, daz er muoz wirken in der sêle«* (35f.). Dieses »Muss« Gottes begegnet oft und stets dann, wenn Eckhart davon spricht, dass der Mensch leer, ledig und zunichte geworden ist. Dann *muss* Gott einziehen. Diese Voraussetzungen sind hier unausgesprochen präsent. Noch ist der Mensch ja im Urzustand des Geschaffenseins. Was geschehen ist, das ist dennoch wunderbar: »*Got segen, got segen«* (36), ein für den kargen Eckhart außerordentlich intensiver Ausbruch. Ein Jubel! Wer die Herkunft dieser Formel aus den Psalmen kennt, weiß, dass Segen hier die »guten Worte« des Preisens bedeutet.

Wer Eckhart mit (steigendem) Verständnis liest, sollte in den Jubel einstimmen können, dass Gott in seiner Seele wirkt, wenn er sich ihm ganz zur Verfügung stellt.

Es folgt das bei Eckhart häufig begegnende »Umkreisen« einer wichtigen Einsicht in immer neuen, sich wiederholenden und sich steigernden Anläufen. Ausgangspunkt ist das Wirken Gottes in der Seele. Der neue Aspekt lautet: »*dô minnet er sîn werc«* (180,1). »Werk« ist »Liebe«, und »Liebe« ist »Gott«. Diese »*minne* - Liebe« wird entfaltet (3-6): Gott liebt sich selbst (Natur, Wesen »*unde sîn gotheit«*). In dieser Liebe ist die Liebe zu den Kreaturen enthalten – sie ist die Außenseite der Selbstliebe Gottes. Jedoch holt diese Liebe die Kreaturen alsbald in sich, in Gott hinein. Dann werden »*crêatûren als got«* geliebt und die *Einheit* ist Gegenwart. Ein rhythmisierter Satz schließt die Erwägung festlich ab: »*in der minne, dâ sich got inne minnet, dâ inne minnet er alliu dinc«* (6). Das ist die Basis dafür, dass wir Gott in allen Dingen finden, denn »*alliu dinc werden dir lûter got«* (Reden der Unterscheidung).

Der Unterschied zwischen Gott und Gottheit
[180,7 – 25]

Mit einer Formel, die Eckharts Wahrheitsbeteuerungen eigen ist, geht Eckhart zum Höhepunkt der Predigt weiter. Er bittet »*daz ir vernement bî der êwigen wârheit und bî iemer wernder wârheit* (ewige Wahrheit = immer währende Wahrheit) *und bî miner sêle*« (13f.) – Eckhart setzt seine Seele, nämlich sein »mit Gott eines Sein« zum Pfand für das, was er, noch nie gesagt, jetzt ausspricht – etwas Einmaliges, Unerhörtes-Ungehörtes: »*Got unde gotheit hat underscheid als verre als himel und erde*« (14f.). Unsere Übersetzung lautete: »so fern voneinander verschieden«. »*Got wirt und entwirt*« (18) – als Schöpfer wird er mit der Schöpfung, bei deren Heimkehr zu ihm »ent-wird« er. »*Gotes sprechen* (im Schöpfungs-Wort), *da gewirt* (wird) *got*« (181,12). Von »Gottheit« ist nicht »zu sprechen«: »*Allez daz, daz in der gotheit ist, daz ist ein, unde dâ von ist niht ze sprechenne*« (181,8-10).[22]

Derselbe »himmelohe« Unterschied ist zwischen »*inner und ûzer mensche*«. Eckhart intendiert zu sagen, der »*inner mensche*« gehöre zur »*gotheit*«. Aber davor schrickt er zurück, denn: »*Got hât vil tûsent mîlen dar obe*« (180,17f.). Freilich wird das im folgenden Satz sofort relativiert: »*Got wirt und entwirt*« (18).

Ein Symbol (für Eckhart ein Gleichnis) sagt es besser als »stammelnde« Worte. Die Sonne wirft ihr Licht auf alle Kreaturen, ohne Licht zu verlieren. Die so erhellten Kreaturen streben von ihrem Leben zu ihrem Wesen[23]. Dabei nehmen sie den Weg über das menschliche Erkennen. Die Sinne werden nicht erwähnt, was zählt ist »*mîne vernunft, daz si in mir vernünftic sint*« (23f.).

Das schlägt die Brücke zu Gott, von dem Eckhart sagt: Er ist, weil er »Vernunft« ist. Vernünftiges Erkennen darf ihn »berühren«, wenn er »*bloz*« ist, ohne das Kleid der Güte, das wir ihm um unsertwillen (unserer Seligkeit willen) anziehen, um ihn lieben zu können. Der Abschnitt schließt mit der Aufforderung, auf das zu achten, was wir alle zu tun (vermögen): durch unsere Vernunft die Kreaturen heimzuholen. Keineswegs beginnt damit der nächste Absatz, wie es Pfeiffer hat drucken lassen (25).

INNERER – INNERSTER MENSCH.
DAS SPIEGEL-GLEICHNIS [180,25 – 181,2]

Der äußere Mensch wird (anknüpfend) erwähnt. Aber es geht sofort um das, was in mir ist. Den »leuchtenden Schein«, »die Farbe«, die Blätter der Lilie sehe ich (äußerer Mensch; Sinne). Der Duft *(der swelge)* ist zu riechen *(ze smecken!)*. Aber dabei hält sich Eckhart nicht auf. Er geht sofort weiter zu »*Dâ ist der swelge in mir*« (180,28f.). In mir ist auch, was ich zu sprechen vorhabe. Spreche ich es aus, so ist es »*ûzer mir*«. Der »äußere Mensch« schmeckt alles wie »*wîn unde brôt unde fleisch*«; dem inneren Menschen schmeckt es »*als gâbe gotes*« (32). Aber »*mîn innerster mensche*« (den ich nur von dieser Predigtstelle kenne) schmeckt sie »*als ie und immer*«. Im Sprachgebrauch des Augustinus benennt Eckhart die Ewigkeit als »allezeit und immer«. Ewigkeit ist ohne Vergangenheit und ohne Zukunft. Das ist auch der Sinn des chinesischen Zen-Tao-Ausspruchs »*wu nien – wu sze* = habe nicht Denken an Vergangenes, habe nicht Herzfeld (= plane nicht Zukunft)!«; japanisch: »*mu nen – mu sô*, simplifiziert verstanden als »keine Gedanken – keine Begriffe«. Neuplatonismus, Augustinus, Dionysius Areopagita und Eckhart haben dasselbe erfahren wie die Kontemplation des Chan (= Zen): Ewigkeit ist Eines, ist Nun!

Vor dem folgenden »Spiegel-Gleichnis« sollte ein Absatz gemacht werden. Eckhart macht sich »einen Spiegel«, indem er ein Becken mit Wasser füllt und es in die Sonne stellt: *»ein beckin mit wazzer ... under daz rat der sunnen«*. Die Einfügung *»unde lege darin einen spiegel«* verstehen wir als »und verwende das als einen Spiegel«. Die Übersetzung Quints[24] »und lege einen Spiegel hinein«, haben wir schon in Fußnote 10 kritisiert. Das »Rad der Sonne« ist gut zu verstehen und muss nicht einmal als »Sonnenball«, das andremal als »Scheibe« übersetzt werden. Es wird gesagt, dass die Sonne ihren Schein auf den Spiegel des Wasserbeckens wirft, einen Schein, der aus »dem Boden der Sonne« kommt, die dabei doch nicht »vergeht«. Was der Spiegel widerspiegelt, das bleibt in der Sonne als Sonne.[25]

Ebenso *»ist ez umbe got«* (38f.). In der uns schon bekannten Reihung ist Gott in der Seele *»mit sîner nâtûre, mit sîme wesene*[26] *unde mit sîner gotheit«* (höchste Anwesenheit; die Seele wird › vergöttlicht‹), aber *»er ist doch nicht diu sêle«*: Einheit als Aufhebung der Zweiheit ohne Identität. Wie im Hinduismus[27] und Zen-Buddhismus – ohne dass Eckhart dorthin Kontakt gehabt hätte, also als gleiche (mystische) Erfahrung. 181,1 muss der Punkt wieder um ein Wort versetzt werden: Das, was die Seele spiegelt, das ist in Gott (als) Gott, und die Seele bleibt Seele.

Eckhart sagt, dass Gott »alle Kreaturen« wird, und zwar durch sein Schöpfungswort (*»sprechen«).* Das »Wort« Gottes ist der Sohn. Die Lehre von der Kreatur der Seele als Sohn Gottes ist schon präsent, nur noch nicht formuliert. Es ist an

Eckharts mittlere Phase zwischen 1303 und 1312 zu denken – eine Darstellung schwierigster und (für den orthodoxen Hörer) schwer verständlicher Gottes- und Gottheitslehre.

Ausfluss aus der Gottheit – Wieder-Durchbrechen zu ihr
[181,3 – 18]

Als Eckhart in »Grund und Boden« der Gottheit sich fand, das war ein »unbefragter Zutand«: »*dâ enwas nieman, der mich vrâgete*« (181,5). Das Ausfließen (= die Erschaffung der Welt und des Menschen) lässt alle Kreaturen rufen: »Gott«! Wo ein Geschöpf ist, da ist auch ein Schöpfer. Eckhart nimmt sich selbst als »Gleichnis«. Wird er gefragt: »*... wenne giengent ir ûzerme hûse?*« (beachte die Höflichkeitsanrede »Ihr«), so ergibt sich zwingend, dass er vorher im Hause drin war (6f.). Schlussfolgerung: »Kreatur, wann flossest du aus Gott aus?« Da war sie vorher in Gott.

Die eindringliche und tiefschürfende Passage über »*gotheit*« wurde schon vorher zitiert. Von der Gottheit kann man nichts sagen: »*daz ist ein*« (9). Gott wirkt, Gottheit wirkt nicht. Sie schaut auch nicht aus nach einem Werk, »*in ir ist kein werc*« (11). Wirken und Nichtwirken unterscheiden Gott und Gottheit.

Spricht Eckhart von: »*Swenne ich kume wider in got*«, so fasst er ins Auge, dass er dort nicht »bleiben« wird. Der Weg führt zur Gottheit zurück. In seiner »Vernunft« nimmt Eckhart alle Kreaturen, in ihm Eines geworden, mit zurück zu Gott (wodurch Gott ent-wird). In der Gottheit ist Eckhart »im Unbefragten«. Niemand fragt, »woher ich komme oder wo ich war«. »*Dâ vermiste mich nieman*« (17f.). Das letzte

Wort der Darlegung schließt die Tür des Schweigens vor der Gottheit: »*daz entwirt*« (18).

Viele haben mit der herkömmlichen Auferstehungsdogmatik ihre Probleme. Sie weiß zuviel und ist sich zu sicher. Simone Weil sagt Pater Perrin in ihrem Abschiedsbrief (1942), wenn er von einem Wiedersehen in der Ewigkeit spreche, so könne sie das nicht nachvollziehen, denn sie sehe das anders. Wie sie es sah, zeigt ein Gespräch der Sterbenden (August 1943) mit einer Freundin: »Jetzt werde ich wieder an Gott angefügt.« Solches Denken (ohne dass Weil Eckhart gekannt hätte) ist der Auferstehungslehre Eckharts adäquat. Das Namenlose, das Göttliche und Unsterbliche des Seelengrundes kehrt dorthin zurück, von wo es ausfloss. Nur ist das »Durchbrechen« – als Nomen und im (mystischen) Gebrauch eine Wortschöpfung Eckharts – »*vil edeler*«, als der Ausfluss es war (14).

Schluss: Hörer und Wirkung [181,19 – 25]

Der Wahrheitsbeteuerung ähnlich wird gesagt, dass dieses gepredigt werden *musste*, und wenn die Kirche leer wäre »*dizem stocke*«: Als »Opferstockpredigt« wurde Pfeiffer 56 [LVI] bekannt. – Das sind Arme, die danach brav »zuhaus bleiben« *(heime ... an meiner stat)*, »ihr Brot essen und Gott dienen« (21f.). Eckharts Konsequenz ist hart: Sie werden »nicht erlangen, noch erreichen«, was denen zuteil wird, »*die gote nâch volgent in armüete und in ellendekeit*« (23-25).

4
Zusammenfassende Gedanken: Schweigende Gottheit

Wie es zu Titel und Einleitung gekommen ist, bleibt unklar. Ab 179,23 tritt das Besondere dieser Predigt hervor. Eckhart hat das schon lange »nicht mehr« oder gar »noch nie« gesagt. Die Unterscheidung von der »leichten Sache« »*schepfen*« und dem differenzierten = schwierigeren »*machen*« ist aus dem Sprachgebrauch des ersten Kapitels der Schrift, genauer: Genesis 1,26, zu verstehen. »*Wir* (die Dreifaltigkeit) *machen einen glîchen*«. Gerade der häufige und für manche (an einer Stelle auch für Quint: »*ein und glîch*« übersetzt er mit »ein Ungleicher«) anstößige Sprachgebrauch, dass Eckhart den Menschen Gott gleich sein lässt, hat hier seinen Ursprung. Jedoch hat Gen 1,26ff. das Wort »*similis – similutudo*« (mit dem Beiklang »ähnlich«), was nur der Leser des AT, und nicht schon der Kenner des Mittelhochdeutschen, von »*äqualis* = gleich« unterscheidet.

Dass »*glîch*« in dieser Predigt höhere Intensität hat als das Wort »ähnlich«, zeigt das Folgende: die Seele ist »*sîn glîch werc*«, »fortwirkend und immer während« (33). Wir haben eine Seele, die (gelegentlich) bei Eckhart das Größte ist, was Gott gemacht hat – in wechselnder Entsprechung zu den Engeln, von denen der Schöpfungstext Genesis 1 nichts sagt, ein *Muss* Gottes; Grund zum Jubel.

Die Erwägung zur »Liebe Gottes« bezieht »alle Dinge« ein – ein Anlass zu einem freude- und friedvollen, weil »gottvollen« Leben!

Auch Gottes schmeckende Wahrnehmung seiner selbst bezieht uns und alle Dinge ein; auch wir sind ein Stück »sapientia«, insofern wir in und mit Gott »geschmeckt« werden.

Der Gipfel unseres Textes ist die Unterscheidung von Gott und Gottheit. Jener *wird* mit der Schöpfung und *entwird*, wenn sie vergeht. Diese ist Eines, ohne Sprache und Frage in ewiger Stille.

Auch der »innerste Mensch« ist ohne qualitative Benennung schlechthin ewig. Können wir im ewigen Nun jetzt schon leben? Wir sollten es beginnen!

Unsere Vernunft lässt uns nicht nur an Gott rühren. Sie ist der Weg, über den alle Kreaturen Vernunft werden und Eines werden und zu Gott heimkehren.

Wie das Wasserbecken die Sonne, so spiegelt die Seele Gott – ohne Verlust des Lichtes des Ursprungs und der Selbstständigkeit der Seele. Dies ist durch das Wort (den Sohn) erfolgt und ist die substanzielle Erhöhung der Seele.

Eckhart floss aus aus der Gottheit und wird wieder zu ihr sein »Durchbrechen« haben, wobei er/wir alle Kreaturen mitnehmen. So wird Herrschaft über alles als Dienst an allem verstanden. Nach dem Durchbrechen entwird »das« – nämlich der Schöpfer mit allem, was sich sagen lässt!

Man muss darauf hinweisen, dass diese (neuplatonisch-dionysische Lehre) die Auferstehungslehre des ersten Korintherbriefs verlässt: Keine Materie, kein Leib, keine Geschichte geht in diese Auferstehung ein – außer über die Vernunft. Wer es anders verstehen will, sollte dabei bleiben. Wer sich aber mit Auferstehungs-Geschichten schwer tut, sollte mit Eckhart ins Schweigen eintreten.

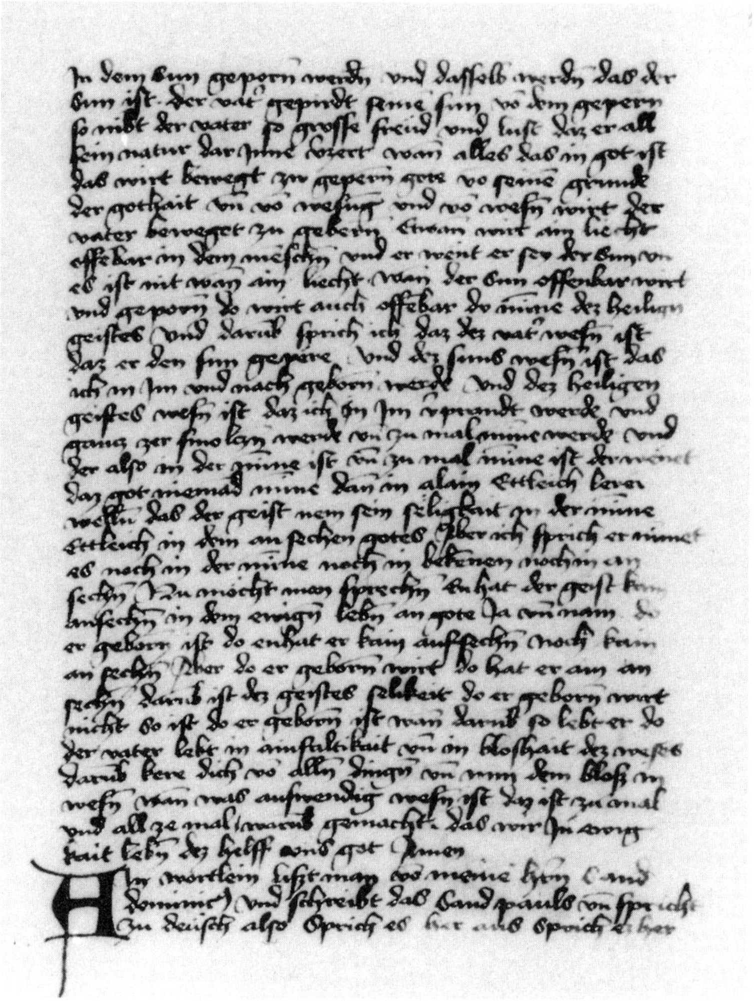

Abb. 7 Anfang der Predigt 30: »Ein kurzes Wort... sprich es heraus«, s.S. 79

IV
GOTT IST IN ALLEN DINGEN

PREDIGT 30

Verkünde das Wort, wache, in allem mühe dich

1
Übersetzung des Textes

[93,2] Ein kurzes Wort liest man heute und morgen, (das) von meinem Herrn, Sankt Dominicus (gilt), / und das schreibt Sankt Paulus in der Epistel (2 Tim 4,2) und sagt (es) auf deutsch so: / »Sprich das Wort, sprich es heraus, sprich es hervor, bring es hervor und gebier das Wort!« [94,1] Es ist ein Wunder,[1] dass ein Ding ausfließt und doch innen verbleibt. Dass das Wort / ausfließt und doch innen verbleibt, das ist ein großes Wunder. Dass alle Kreaturen ausfließen / und doch innen verbleiben, das ist ein gro-

ßes Wunder. Dass Gott gegeben hat und dass Gott versprochen / hat zu geben, das ist ein großes Wunder und ist unbegreiflich und unglaublich. Und / [5] das ist recht so, denn wäre es begreiflich und wäre es glaubhaft, so wäre es nicht recht. / Gott ist in allen Dingen. Je mehr er in den Dingen ist, umso mehr ist er außerhalb der Dinge: je mehr / innen, umso mehr draußen, und je mehr draußen, umso mehr innen. Ich habe andermal schon gesagt: dass / Gott diese ganze Welt jetzt auf einmal erschafft. Alles, was Gott je schuf – vor sechstausend / Jahren und mehr, als Gott die Welt machte, die erschafft Gott (auch) jetzt (noch) ganz und gar. Gott ist in [95,1] allen Dingen, aber wie Gott göttlich ist und wie Gott vernünftig ist, so ist Gott nirgends / so eigentlich, wie in der Seele und im Engel; wenn du willst: im Innersten der Seele / und im Höchsten der Seele. Und wenn immer ich sage »das Innerste«, so meine ich »das / Höchste«; und wenn immer ich sage »das Höchste«, so meine ich »das Innerste« der Seele. Mit / dem »Innersten« und mit dem »Höchsten« der Seele, da meine ich sie beide in einem. Wo nie [96,1] Zeit hineindrang, wo nie ein Bild hineinleuchtete – im Innersten und im Höchsten der Seele –, / erschafft Gott diese ganze Welt. Alles was Gott schuf vor sechstausend Jahren, als er diese / Welt machte, und alles was Gott noch schaffen wird in mehr als tausend Jahren, wenn die Welt so / lange besteht, das erschafft Gott im Innersten und im Höchsten der Seele. Alles, [5] was vergangen ist, und alles, was gegenwärtig ist, und alles, was künftig ist, das erschafft / Gott in dem Innersten der Seele. Alles, was Gott wirkt in allen Heiligen, das wirkt Gott / in dem Innersten der Seele. Der Vater gebiert seinen Sohn in dem Innersten der Seele, und / gebiert dich mit seinem ungeborenen Sohn, nichts weniger. Soll ich Sohn sein, so muss ich in / dem selben Wesen Sohn sein, darin Er

Sohn ist, und in keinem andern. Soll ich ein / [97,1] Mensch sein, so kann ich nicht in tierischem Wesen ein Mensch sein; ich muss in / menschlichem Wesen ein Mensch sein. Soll ich aber dieser Mensch sein, so muss ich in / diesem Wesen dieser Mensch sein. Nun sagt Sankt Johannes: »Ihr seid Gottes Kinder« (1 Joh 3,1).

»Sprich das Wort, sprich es heraus, sprich es hervor, bring es hervor, gebier das [5] Wort!« »Sprich es heraus!« Was von außen eingesprochen wird, das ist eine grobe Sache; jenes ist / innen gesprochen. »Sprich es heraus!«, das heißt: erfahre, dass dies in dir ist. Der Prophet [98,1] sagt: »Gott sprach Eines, und ich hörte Zwei« [Ps 61 (62), 12]. Gott sprach nie (mehr) als / Eines. Sein Spruch ist nichts als Eines. In dem einen Spruch spricht er zugleich seinen Sohn / und den heiligen Geist und alle Kreaturen, und da ist nichts als ein Spruch in Gott. / Aber der Prophet sagt: »Ich hörte Zwei«, das heißt: Ich vernahm Gott und die [5] Kreaturen. Wo es Gott spricht, da ist Gott, aber hier (in der Schöpfung) sind es Kreaturen. Die Leute / meinen, dass Gott allein dort (bei den Kreaturen) Mensch geworden sei. Das ist nicht so; denn Gott / ist sowohl hier wie dort Mensch geworden. Und darum ist er Mensch geworden, dass er dich als seinen / eingeborenen Sohn gebäre, und (um) nichts weniger.

[99,1] Ich saß gestern an einem Ort, da sprach ich ein kurzes Wort, das steht in dem ›Pater / noster‹ und sagt: »Dein Wille werde (getan)«. Doch hieße es besser: »Werde (ich der) Wille dein!« / Dass mein Wille sein Wille werde, dass ich er werde, das meint das Pater noster. Das [100,1] Wort hat einen zweifachen Sinn. Der eine ist: Schlafe allen Dingen! Das heißt: dass du weder von Zeit, / noch von Kreaturen, noch von Bildern etwas wissest. Die Meister sagen, ein Mensch / der wirklich schliefe, schliefe er hundert Jahre, er wüsste von keiner Kreatur, noch wüsste er / von Zeit, noch von Bildern

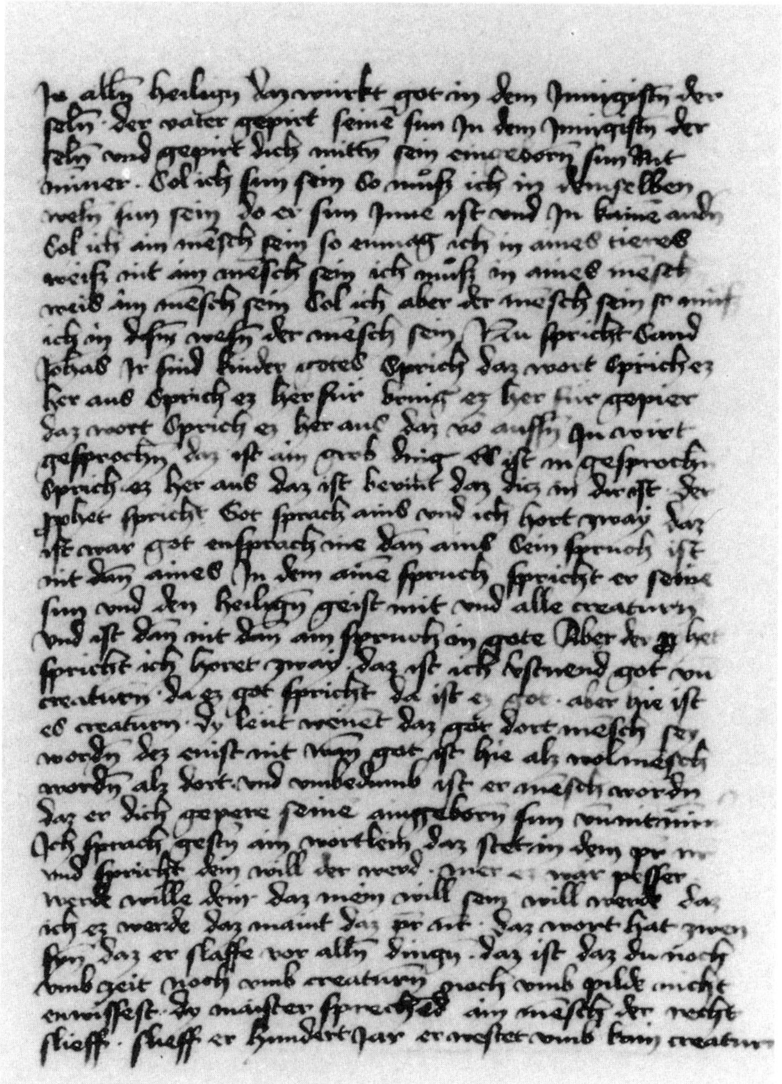

Abb. 8 Textfragment aus der Predigt 30: »Alles, was Gott wirkt in allen Heiligen... er wüsste von keiner Kreatur«, s.S. 80f.

(Vorstellungen) – und dann kannst du erkennen, was Gott in dir wirkt. [5] Darum spricht die Seele im Buch der Liebe (Hld 5,2): »Ich schlafe und mein Herz wacht.« / Darum: Schlafen alle Kreaturen in dir, so kannst du wahrnehmen, was Gott in dir wirkt. /

Das Wort: ›Mühe dich in allen Dingen!‹, das enthält einen dreifachen Sinn. Es sagt so viel / wie: »Schaff in allen Dingen, was dich fördert!«, das heißt: Empfange Gott in allen Dingen, denn Gott [101,1] ist in allen Dingen! Sankt Augustinus sagt: »Gott hat alle Dinge geschaffen, nicht / dass er sie werden ließe, und (dann) ging er seinen Weg; vielmehr: er ist in ihnen geblieben.« Die Leute / meinen, dass sie mehr haben, wenn sie die Dinge haben mit Gott, als wenn sie Gott hätten ohne / die Dinge. Aber das ist falsch. Denn alle Dinge mit Gott – das ist nicht mehr als Gott allein. [5] Und wer je das wähnte, dass er mehr hätte, hätte er den Sohn und mit ihm den Vater, als wenn / er den Sohn hätte ohne den Vater, der hätte unrecht. Denn der Vater mit dem Sohn ist / nicht mehr als der Vater allein, noch ist der Sohn mit dem Vater mehr als der Vater / allein. So empfange darum Gott in allen Dingen. Und das ist ein Zeichen, dass er dich als seinen / eingeborenen Sohn geboren hat und nichts weniger.

[10] Der andere Sinn ist: Schaff in allen Dingen, was dich fördert!, das heißt: »Liebe Gott über [102,1] alle Dinge und deinen Nächsten wie dich selbst!«; und das ist ein Gebot von Gott. / Ich sage aber, dass es nicht allein ein Gebot sei; vielmehr: Gott hat auch gegeben / und hat versprochen zu geben, und liebst du deine hundert Mark mehr als die eines / andern: das ist nicht recht. Hast du einen Menschen lieber als den andern, das ist nicht [5] recht; und hast du deinen Vater und deine Mutter und dich selber lieber als einen / andern Menschen, das ist nicht recht; und hast du deine Seligkeit lieber als die eines / andern, das ist nicht recht. ›Gott segne!‹ Was sagt ihr? Soll ich nicht mei-

ne Seligkeit lieber / haben als die eines andern?‹ Es gibt viele gelehrte Leute, die das nicht begreifen, [103,1] und es scheint ihnen sehr schwer, aber es ist nicht schwer, es ist sehr leicht. Ich will dir zeigen, / dass es nicht schwer ist. Seht, der Natur ist es eigen, dass da ein jedes Glied / am Menschen wirkt. Die erste Absicht, die es bei seinem Wirken hat, das ist, / dass es dem ganzen Leib diene und danach einem jeden Glied gesondert als [5] ihm selbst und nichts weniger als ihm (dem Leib) selber, noch sieht es auf sich selbst mehr bei seinem / Wirken als ein anderes Glied. Vielmehr soll es (so sein), um der Gnade willen. Gott soll deiner Liebe [104,1] Regel und Fundament sein. Die erste Absicht deiner Liebe richtet sich allein auf Gott und / danach auf deinen Nächsten wie dich selbst, und nicht weniger als auf dich selbst. Und / liebst du deine Seligkeit mehr als die eines andern, so liebst du (bloß) dich selbst; wo du [5] dich liebst, da ist nicht Gott deine unvermischte Liebe, und dies ist dann nicht recht. Aber liebst / du die Seligkeit von Sankt Peter und Sankt Paul so sehr, wie deine eigene, besitzest du [105,1] die selbe Seligkeit, die auch sie haben. Und liebst du die Seligkeit der Engel so sehr / wie deine eigene, und liebst du die Seligkeit Unserer Frau so sehr wie deine eigene, du genießest / die selbe Seligkeit im eigentlichen Sinne wie sie selbst: sie ist dir so eigen wie ihr. Darum heißt es / im Buch der Weisheit (45,2): »Er hat ihn seinen Heiligen gleich gemacht.«

[5] Der dritte Sinn von »Schaff in allen Dingen, was dich fördert!«, das heißt: »Liebe Gott in allen [106,1] Dingen gleich!« Das heißt: »Liebe Gott ebenso sehr in Armut, wie in Reichtum, und habe ihn / so lieb in Krankheit wie in Gesundheit; habe ihn so lieb, wenn er dich prüft, wie wenn er dich nicht prüft, / und so lieb in Leiden, wie ohne Leiden«. Ja, je größeres Leid, desto geringeres Leid, wie bei / zwei Eimern: je schwerer der eine, desto leichter der andere, und je mehr der Mensch hergibt, desto leichter [5] ist es ihm, herzugeben. Ein Mensch,

der Gott liebt, dem wäre es so leicht, die ganze Welt / herzugeben, wie ein Ei. Je mehr er hergibt, desto leichter ist es ihm, herzugeben, wie (bei) den Aposteln: / Je schwerer sie zu leiden hatten, desto leichter litten sie (es).

[107,1] »Mühe dich in allen Dingen!«, das heißt: Wo je du dich auf mannigfaltige Dinge (gestellt) / findest, als auf ein bloßes, lauteres, einfaltiges Sein, das lass dir eine Mühe / sein; das heißt: »Mühe dich in allen Dingen!«, »vollende deinen Dienst!«, das sagt so viel / wie: »Erhebe dein Haupt!« Das hat einen doppelten Sinn. Der erste ist: »Gib alles her, was dein [108,1] ist, und werde Gottes eigen, so wird Gott dein eigen, wie er sich selber eigen ist, und er ist / dir Gott, wie er sich selber Gott ist und nicht weniger. Was mein ist, das habe ich von / niemandem. Hab ich es aber von einem andern, so ist es nicht mein, sondern jenem, von / dem ich es habe.« Der zweite Sinn ist: »Erhebe dein Haupt!« Das heißt: Richte alle deine Werke [5] auf Gott. Es gibt viele Leute, die das nicht begreifen, und das wundert mich nicht. [109,1] Denn der Mensch, der das begreifen soll, der muss sehr abgeschieden sein und erhaben / über alle Dinge.

Dass wir zu dieser Vollkommenheit gelangen, das helfe uns Gott. Amen.

2
Interpretation

Einleitung

Predigt 30 ist wegen vieler Übereinstimmungen mit anderen Predigten und mit LW als Leistung Eckharts anzusehen. Zum Fest des heiligen Dominikus (ursprünglich 5. oder 4. August), dessen Orden Eckhart angehört, predigt er von der Lesung 1 Timotheus 4,1-8. Eckhart bezieht sich allerdings nur auf zwei Worte. Erstens: »*praedica verbum: sprich das wort*«. Das im Text folgende *insta opportune, impotune, argue, obsecra, increpa in omnia patientia et doctrina* (tritt auf, gelegen oder ungelegen, überführe, tadele, in aller Geduld und Bewährung) lässt Eckhart weg.

Stattdessen findet sich der Text über drei Abwandlungen des »*sprich das Wort*«, nämlich: *sprich ez her ûz, sprich ez her vür, brinc ez her vür* (wobei *her ûz* und *her vür* schon den Hervorgang aus Gott anklingen lassen) zu dem Wort, das er von Anfang an im Auge hat: »*und gebir daz wort!*« (93,3f.). Die Geburt aus dem Vater ist ihm wichtiger als der Fortgang der Epistel, von der er später ein Stück von 4,5 zitiert: »*in omnibus labora – arbeite in allen dingen*« (100,7; 107,1 und 3). Dies hat einen dreifachen Sinn, für den Eckhart das Wort umspricht in »*schaf dînen vrumen in allen dingen* - schaff in allen Dingen, was dich fördert« (100,8; 101,10; 105,5). Von 4,5 zitiert Eckhart noch »*ministerium tuum imple – vüllende dînen dienst*« (107,3), umgedeutet in *hebe ûf dîn houbet* (107,4).

Andere Schriftstellen werden zitiert und gedeutet: 1 Joh 3,1; Ps 61(62),12; Mt 6,7 (die Vaterunser-Bitte: dein Wille geschehe!); Hld 5,2; Lk 10,27; Eccli(Sir) 45,2; Apg 5,41.

Man kann nicht gerade sagen, Eckhart sei bei seinem Predigttext geblieben. Nur indem er ihn alsbald umspricht, vermag er mit ihm zu arbeiten. Dabei entsteht eine Predigt, die keineswegs leicht zu interpretieren ist. Wir wollen nach Sinn und Absicht suchen, auf die es Eckhart wohl angekommen ist.

Auslegung

DER INHALTLICHE AUFBAU [93,2-4]

Dem Beginn der Predigt geht es um »hervorbringen« und »gebären«, wobei Eckhart das Textwort »*praedica* = predige / verkünde« mit »*Sprich daz wort*« auf die geplante Erweiterung bereits umspricht.

»EIN WUNDER« [94,1-5]

Es geht ausschließlich um »ausfließen und doch innen verbleiben« - gesagt von einem »Ding«, vom »Wort«, von den »Kreaturen« und von Gottes »Geben und Versprechen«. Diese alle sind *wunderlich*, sind »Wunder«. Dieses Wort wird durch Hinzufügung von *unbegrîfelich und unglouplich* (4) verstärkt und interpretiert. Das alles ist »ein Wunder«. Mit der Feststellung, dass es gerade so *recht* ist (zweimal).

GOTT GEBIERT DICH [94,6 – 97,3]

Zunächst wird dreimal die seit den »Reden« wichtige Aussage wiederholt: *Got ist in allen dingen*, aber dazu gehört die Antithese: *er ist ûz den dingen.* Erst beides zusammen ist richtig: *ûz* und *inne* steigern sich gegenseitig (man fühlt sich an die Eckhart unbekannte »Nicht-zwei-heit« des Hinduismus erinnert). Gott ist außen als »Brahman« und innen als »Atman«. Aus diesem In- und Außerhalb stellt sich die Frage nach der Schöpfung »dieser ganzen Welt« (94,8). Die nach dem Vorgehen des Pentateuch (5 Bücher Moses) sich ergebende Zählung datiert die Schöpfung auf *vor sehs tûsent jâren* (99,8f.; 96,2) und für »noch schaffen« rechnet Eckhart mit *über tûsent jâr* (96,3). Das hat eigentlich keine Bedeutung. Bedeutend ist aber, dass *got alle dise werlt schepfet nû alzemâle* (94,8 und 9). Gott schafft die ganze Welt jetzt, in diesem Nun: die Lehre von der »*creatio continua*« - *fortwährenden Schöpfung.* Aber *als got göttlich ist und als got vernünftic ist* (95,1), ist er nirgendwo anders gegenwärtig *als in der sêle und in dem engel* (2).

Da hier nur über die Seele gesprochen werden soll, differenziert Eckhart die Stelle von Gottes Anwesenheit in der Seele als *in dem innigsten der sêle und in dem hoehsten der sêle* (2f.). Wiederum sind beide eines: das Innigste ist das Höchste und umgekehrt: *dâ meine ich sie beide in einem* (5). Diesen beiden ist eigen, dass sie mit »Zeit« und mit »Bildern« (der Sinne oder der Phantasie) nie zu tun hatten. Darum kann Gott da alle Welt schaffen (96,1 und 4). Im Höchsten der Seele finden sie sich so zusammen: *Allez, daz vergangen und allez, daz gegenwertic ist und allez, daz künftic ist* (4f.). Eckhart ist unterwegs zur Einsicht zenbuddhistischer Mystik des »munen musô«: am chinesischen Ursprung »wu nien – wu sz^e = »Nicht haben Herz Vergangenes, nicht haben Herzfeld (= Zukunftsplanung)!« Dort – in der Gegenwart – *schepfet got in dem innigesten der sêle* (5f.). Eben dort wirkt Gott, was er *in allen heiligen* wirkt (6). *Er gebirt sînen sun* (7) ebendort, *und gebirt dich mit sînem eingebornen sune* (8). Die außerordentliche Konsequenz, die sich daraus ergibt: Soll ich Sohn sein, dann in demselben Wesen, in dem der (eingeborne) Sohn es ist.

Der Einwand, man könne nicht in »tierischem Wesen« Mensch sein, sondern nur »in eines Menschen Wesen«, als »dieser Mensch« (97,2), wird überflüssig durch 1 Johannes 3,1: »*ir sît kint gottes*« (in freier Zitation). Eckhart denkt und erfährt die »Sohnschaft« und findet im NT die »Kindschaft« Gottes.

Wortgeburt:
Im Innigsten und Höchsten der Seele
[97,4 – 98,8]

Eckhart wiederholt das von ihm am Beginn Gesagte (93,3f.). Jetzt akzentuiert er: *Sprich ez her ûz* (5). Das heißt nicht etwas »von außen« (»eine grobe Sache«!), sondern es heißt: *bevint* (erfahre, entdecke), *daz diz in dir ist* (6). Aus dem Parallelismus eines Psalmverses (hebräische Poesie) ergibt sich für Eckhart eine Interpretationsaufgabe. »Gott sprach nie (mehr) als eines«: Sohn, heiliger Geist und alle Kreaturen in einem (Aus-)Spruch. Der Psalmist »hörte zwei«. Da könnte man an die Kreaturen *und* Gott denken. Vielleicht ist also Gott »in den Kreaturen« Mensch geworden? Wieder gilt beides, jedoch unter der Voraussetzung, *daz er dich geber sînen eingebornen sun* (7f.; was innerhalb der Kreaturen unmöglich ist).

Die Predigt hat ein Ziel erreicht, das wir zusammenfassen können: Wer das Wort spricht *her zu* und *her vür*, der gebiert das Wort. Das kann nur heißen: wenn »alle diese Welt« in ihrem Ursprung aus Gott hervortritt, so ist es die Seele, und zwar »das Innigste und das Höchste« in ihr. Er ist zwar in allen Dingen gegenwärtig und erschafft sie ununterbrochen. Aber nur im Innigsten und Höchsten der Seele »gebiert der Vater seinen Sohn«, der dasselbe Wort hat wie der eingeborne Sohn.

Dass der Mensch Gott werde
[99,1 – 100,6]

Ein Einschub zur Vaterunser-Bitte: »dein Wille geschehe« ist gegenüber dem Vorhergehenden und Nachfolgenden deutlich abgegrenzt. *Fiat voluntas tua* heißt bei Eckhart: *dîn wille der werde*. Besser wäre es, zu bitten: *werde wille dîn*, nämlich, *daz mîn wille sîn wille werde, daz ich er werde* (99,2f.). Eckharts Pater noster bittet also darum, dass der Mensch Gott werde. An diesem Werden ist der Mensch beteiligt in einem »doppelten Sinn«.

1. Im Verhältnis zu den Dingen: *von allen dingen* (100,1) soll der Mensch »schlafen«. Der Schlafende weiß nicht mehr *noch umbe zît noch umbe crêatûren noch umbe bilde* (1f.). Die Meister wissen darum, dass in einem hundertjährigen Schlaf das Wissen um diese drei verloren geht. Die Dinge (Kreaturen) betreffen nicht mehr, ohne Zeit ist der Mensch in Gottes Gegenwart; ohne Bilder (der Sinne und der Phantasie) ist die Leerheit gegeben, die es möglich macht, dass Gott in der Seele gegenwärtig ist, und du kannst erkennen, *waz got in dir würket* (6). Vom Preisgeben des eigenen Willens und vom Eingehen Gottes spricht R.d.U. (5,187,1-3). Etwas später formuliert Eckhart, wenn wir Gott haben »in allen Dingen«, *sô muoz er* (Gott) *unsriu werc wirken* (5,202,3f.). Predigt 1 (1,4-20) widmet sich dem Leerwerden und von Gott erfüllt Werden ausschließlich.[3]

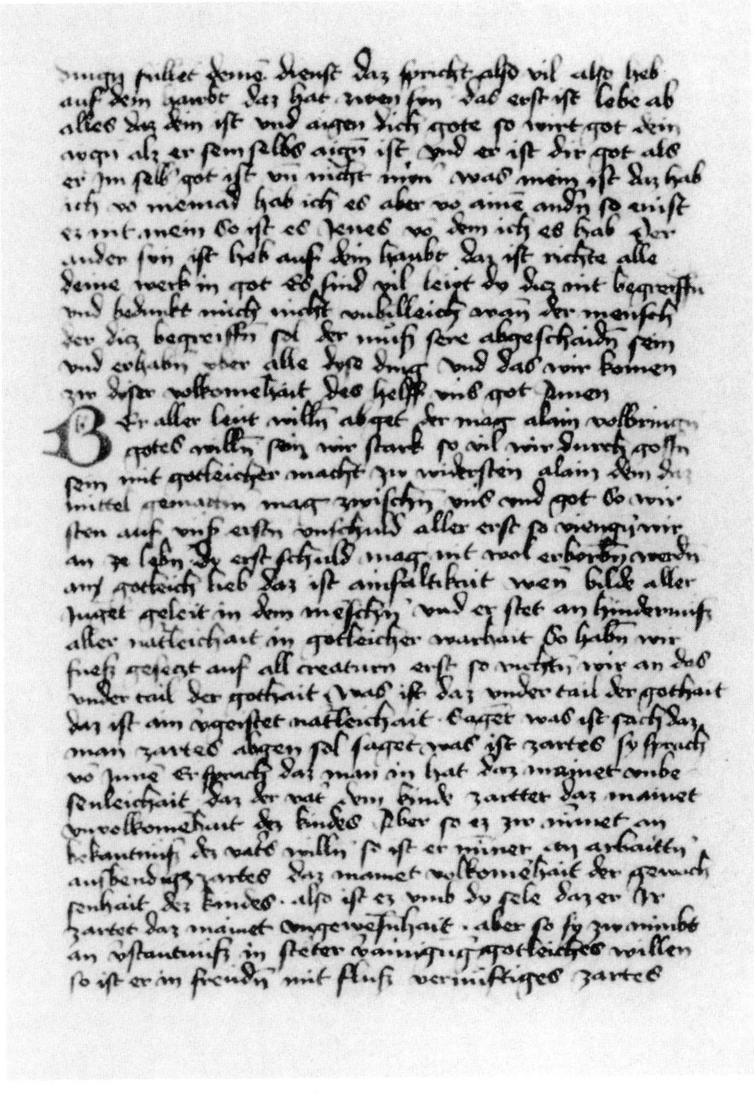

Abb. 9 Schluss der Predigt 30: »› Dingen!‹ , › vollende deinen Dienst!‹ «... das helfe uns Gott. Amen.«, s.S. 85

2. Das Zweite ist (ohne Angabe Eckharts) wohl das Zitat vom Hohenlied 5,2: *ich slâfe, und mîn herze wachet.* Auf Grund des Schlafens (der Kreaturen) in dir kannst du erkennen, *waz got in dir würket* (6).

EMPFANGE GOTT IN ALLEN DINGEN
[100,7 – 106,7]

Zweitens: Zu dem kurzen Appell 2 Timotheus 4,2 *»Praedica verbum«*, macht nun Eckhart für die zweite Hälfte seiner Predigt 4,5 die drei Worte: *»in omnibus labora* - arbeite in allen Dingen« zum Thema. Er sieht *drie sinne in im.* Hierfür wandelt er zunächst den Text ab in *schaf dînen vrumen in allen dingen* (100,7f.), das wir nach Konsultation von Lexer, II mit: »schaff in allen Dingen, was dich fördert« wiedergegeben haben.

1. Das ist: »nimm Gott in allen Dingen«, denn Gott ist in allen Dingen. Augustinus (Confessiones IV c.12) sagt, dass Gott nicht geschaffen hat und dann wegging, sondern *er ist in in* (ihnen) *bliben* (101,2). Zwei Missverständnisse werden – wie öfter – abgewehrt. Wer die Dinge *und* Gott hat, der hat nicht mehr, als wer nur Gott hat. Der nächste Kontrapunkt hat größere Bedeutung: Vater *und* Sohn haben, das ist nicht mehr als *nur* den *sun aleine* haben oder nur den *vater aleine* haben. Das kann nur gelten, wenn Vater und Sohn gemeinsam ein und derselbe Gott sind. Auch *got in allen dingen* empfangen heißt: alles empfangen, auch: *daz er dich geborn hât sînen eingebornen sun* (als seinen eingebornen Sohn) *und niht minner* (weniger – 101,8f.). Eindeutiger und kraftvoller lässt es sich nicht sagen, dass jeder, der in Gottes Gegenwart »in allen Dingen« eintritt, Gottes eingeborner Sohn ist.

2. Schaff in allen Dingen, was dich fördert!, heißt: »Liebe Gott über alle Dinge (eine Kurzform des Gebots der Gottes-

liebe) und deinen Nächsten wie dich selbst!« (Lk 10,27). Das ist nicht *nur* (vielleicht überhaupt nicht!) ein Gebot, sondern ein Geschenk – jetzt und in Zukunft.

Das Gebot, »den Nächsten *wie dich selbst*« zu lieben, wird an drastischen Beispielen eingeprägt: deine »hundert Mark«; deinen *andern mensche* (= Freund); *dînen vater und dîne muoter*; dich selber mehr lieben *dan einen andern menschen* (hier: der Nächste); deine eigene Seligkeit lieber haben als die eines andern: *im* (ihm) *ist unrecht* (102,3-7). *Got segene* (Gott bewahre) ist an dieser Stelle kaum zu übersetzen. Es fehlt auch in den Handschriften Ba$_2$ und G$_5$. Man kann es wohl weglassen.

Dies alles halten manche (auch »gelehrte Menschen«) für sehr schwer. Für Eckhart ist es *gar lihte* (ganz leicht – 103,1). In 1 Kor 12,12-27 legt Paulus den Dienst der Glieder am ganzen Leib und an jedem andern Glied dar. Kein Glied ist auf sich selbst ausgerichtet und keines gilt mehr als ein anderes (103,1-6). Wenn jedes Glied jedem andern dient und jeder Mensch dem andern hilft, wie sich selbst (man sollte vom Werk und nicht vom »Gefühl« der Liebe sprechen), dann ist das – wie Eckhart folgert – »um der Gnade willen«, die Gott allen schenkt. Das ist *ein regel und ein fundament dîner minne* (103,6-104,1). Die nächsten vier Zeilen wiederholen schon Gesagtes, schärfen es ein und beziehen es auf Gott: *wâ dû dich minnest, dâ enist* (ist nicht) *got dîn minne bloz* (deine unvermischte Liebe – 4f.). Die Seligkeit von Sankt Peter und Paul, der Engel, Unserer Frau so zu lieben wie die eigene Seligkeit, da genießest du dieselbe Seligkeit wie sie: *sie ist dîn als eigen als ir* (ihnen 105,3). Wieder, wie 97,3, sicht Eckhart die Frage in der Heiligen Schrift vorentschieden. In Ecclesiastes (Siracides) 45,2 heißt es: »*er hat in glîch gemachet sînen heiligen*« (105,4), das heißt: die Heiligen und er genießen dieselbe Seligkeit – entsprechend der andernorts mehrfach geäußerten Theologie und Mystik Eckharts: Sie sind *in* Gott heimgekehrt.

3. Der dritte Sinn unseres Wortes: *minne got in allen dingen glîche!* (105,4-106,1). Die »Dinge« sind hier menschliche Befindlichkeiten: Armut und Reichtum; Krankheit und Gesundheit; Geprüft-Werden und Nicht-geprüft-Werden; Leiden und ohne Leiden sein; *minne got als gerne* (106,1-3). Es folgt ein Paradox, das Eckhart alsbald (nicht ohne Humor) konkretisiert: *ie groezer lîden, je ringer* (geringer) *lîden*, wie zwei Eimer: *ie swaerer einer, ie ringer der ander* (3f.). Die Konsequenz lautet, je mehr der Mensch hergibt, desto leichter ist es ihm herzugeben. Eckhart sagt das zweimal und schiebt dazwischen (wieder nicht ohne Humor): Dem ist es so leicht, die ganze Welt herzugeben, wie ein Ei. Wieder hat es die Schrift (Apg 5,41 in Abwandlung) schon bekräftigt: Je schwerer die Apostel litten, desto leichter litten sie es (»die Apostel freuten sich, für seinen – Jesu – Namen Schmach zu erleiden«).

Schluss: Richte dein Haupt auf

2 Timotheus 4,5 »Arbeite in allen Dingen« wird nochmal zitiert und um die letzten drei Worte des Verses ergänzt: »*vüllende* (vollende) *dînen dienst*«. Die Arbeit geht jetzt darum: Wenn man sich *ûf mannicfaltigen dingen findet, stat ûf einem blôzen, lûtern, einvaltigen wesene*, das muss durch *ein arbeit* (durch Mühe) überwunden werden. Darin wird »der Dienst vollendet« (Ende 2 Timotheus 4,5). Eckhart sagt, das heiße, *hebe ûf dîn houbet*. Richte dein Haupt auf ... Gott richtet mein Haupt auf – eine Redewendung, die in den Psalmen, nämlich in den »Klageliedern des Einzelnen« begegnet. Der »zweifache

Sinn« Eckharts ist diesen Psalmen nahe. Erster Sinn: Übereigne dich Gott, so wird er dir zu Eigen und *er ist dir got als er im selben got ist* (107,4-108,2). Vor den zweiten Sinn schiebt Eckhart ein: Was mein ist, das habe ich von niemanden. Habe ich es aber von einem andern, so ist es nicht mein, sondern gehört dem, von dem ich es habe. Das konnte höchstens den Wert dessen unterstreichen, dass Gott »dein eigen wird, wie er seiner selbst eigen ist« (108,1). Da hast du nichts von einem andern, das dann noch (nur) ihm gehörte!

Der zweite Sinn: »Richte alle deine Werke auf Gott!« Viele begreifen das nicht, das ist nicht verwunderlich. Eckhart schließt mit der Sicherheit, dass dies alles nur dem Abgeschiedenen geschenkt wird: *wan der mensche, der diz begrîfen sol, der muoz sêre abegescheiden sîn und erhaben über alliu dinc* (109,1f.).

Die Schlussbitte um »diese Vollkommenheit« ist so kurz, dass die Predigt etwas Traktatartiges gewinnt.

3
Zusammenfassende Gedanken: Abgeschieden und erhaben über alle Dinge

In der Tat hat der gesamte Text etwas Ruhiges, Wohlgegliedertes. Bereits die einleitende Zitation von 2 Timotheus mit ihren Abwandlungen, gelangt zur Zielbenennung »Geburt«. Mit viermal »es ist ein Wunder« wird der »Ausfluss« aller Dinge gepriesen. Unbegreiflich zwar ist dennoch »Gott in allen Dingen«. Dass er sie schuf (und weiter schaffen wird), lässt Eckhart die Lehre entfalten, dass Gott auch jetzt alles Geschaffene ganz und gar erschafft. Weiter unten sagt er: Er zog sich nicht zurück, als er es geschaffen hatte, sondern er verblieb in ihnen.

Als nächster Beweisgang wird unter allen Kreaturen die Seele in ihrem »Innigsten und Höchsten« ins Auge gefasst, denn dort (und nur dort?) gebiert der Vater seinen eingebornen Sohn. Welch ein Adel wird der Seele zugesprochen! Von Eckhart aus ist das ein Angebot an unsern Glauben (wir dürfen ergänzen, dass dies unmittelbar aus Gottes Herzen gekommen ist) keine Forderung auf Grund stringenter theologischer Metaphysik.

Auch die vierfache Beendigung eines Gedankenganges durch ein Schriftzitat belegt wohl überlegte Ordnung:

die Vaterunser-Bitte: zweifacher Sinn (100,1);

mühe dich in allen Dingen (100,7).

Im zweiten Sinn begegnet eine »erste Absicht« bei dem Wirken eines Gliedes am Leibe. Eine zweite ist freilich nicht festzustellen. In der zweiten Hälfte der Predigt werden noch zwei weitere Bruchstücke der Lesung 2 Timotheus 4 zitiert und erklärt. Auch das »Mühe dich in allen Dingen« bringt das Empfangen Gottes zum Vorschein. Wir sind in die Einheit von Vater und Sohn und in Gottes Gegenwart in allen Dingen hineingenommen – auch das ist ein Zeichen der Geburt »als eingeborner Sohn«.

Dem zweiten Sinn geht es um die Liebe. Wie immer ist Eckhart, wenn er über Liebe spricht, leichter zu verstehen. Zentrum des großen Absatzes von 25 Zeilen ist: »Gott soll deiner Liebe Regel und Fundament sein« (103,6-104,1).

In der Entfaltung des dritten Sinns arbeitet Eckhart der Gelassenheit entgegen, mit derem Lob er zu schließen gedenkt.

Auch gescheite Leute (bei der Entfaltung des doppelten Sinnes »Erhebe dein Haupt«) begreifen das nicht. Denn dafür muss man »sehr abgeschieden und erhaben über alle Dinge« sein (109,1). Der Zusatz zu »sehr abgeschieden« interpretiert das abgeschieden: es ist die »Trennung«, die über alle Dinge hinaushebt. Das zu erstreben sollte jedem möglich sein, der in Gottes Gegenwart und ihm zu Eigen sein möchte. Wir haben auf die Übereinstimmung mit der Mystik des Ostens verwiesen – ein Angebot, keine Verpflichtung.

Das Fest des heiligen Dominikus, der exakte, fast wissenschaftliche Aufbau und der hohe Schwierigkeitsgrad einer ruhig fortschreitenden und auf äußere Verständnishilfe verzichtenden Darstellung legen nahe, an ein verständiges Publikum zu denken: wohl eine Gemeinschaft von Dominikanern, vielleicht in Straßburg, vielleicht in Köln.

Der Leser habe also Geduld. Beim wiederholten Lesen, vielleicht erst nach Monaten oder gar Jahren, wird es sich ihm erschließen. Übrigens: Dass sich einer zwischendurch über den Meister ärgert, ist nicht anomal, sondern legitim. Der Meister nimmt ja auch keine Rücksicht auf die Hörer/Leser, jedenfalls nicht in Predigt 30.

V

»*Ein* Auge, *eine* Sehkraft, *ein* Erkennen, *ein* Lieben«[1]

Predigt 12

Qui audit me

1
Übersetzung des Textes

[192,2] *Das Wort, das ich auf lateinisch gesprochen habe, das spricht die ewige / Weisheit des Vaters, und sie spricht:* »*Wer mich hört, der schämt sich nicht*« *- schämt / er sich über etwas, so schämt er sich dessen, dass er sich schämt.* »*Wer in mir wirkt,* [5] *der sündigt nicht. Wer mich (offenbart und) hervorleuchten lässt, der wird das ewige / Leben*

haben« (Sir 24,30f.). Von diesen drei kleinen Worten, die ich gesagt habe, wäre ein jedes / genug für eine Predigt.

Zum Ersten will ich (darüber) sprechen, dass die ewige Weisheit spricht: »Wer mich / hört, der schämt sich nicht.« Wer die ewige Weisheit des Vaters hören soll, [10] der soll innen sein und soll daheim sein, und soll eines sein, so kann er die ewige / Weisheit des Vaters hören.

[193,1] Drei Dinge sind es, die uns daran hindern, das ewige Wort zu hören: / Das Erste ist Körperlichkeit, das Zweite Vielheit, das Dritte Zeitlichkeit. / Wäre der Mensch über diese drei Dinge hinausgekommen, so wohnte er in (der) Ewigkeit und / wohnte im Geist und wohnte in der Einheit und in der Wüste, und dort [5] hörte er das ewige Wort. Nun spricht unser Herr: »Niemand hört mein Wort / noch meine Lehre, außer er habe sich selbst gelassen.« Denn wer Gottes Wort / hören soll, der muss ganz und gar gelassen sein. Dasselbe, was da hört, das ist dasselbe, / was da gehört wird in dem ewigen Wort. Alles das, was der ewige / Vater lehrt, das ist sein Wesen und seine Natur und alle seine Gottheit. Das offenbart [10] er uns allzumal in seinem eingeborenen Sohn und lehrt uns, dass wir der / selbe Sohn seien. Der Mensch, der da also (aus sich) ausgegangen wäre, dass er der eingeborene / Sohn wäre, dem wäre eigen, was da dem eingeborenen Sohn eigen ist. / Was je Gott wirkt und was er lehrt, das wirkt und lehrt er alles in seinem [194,1] eingeborenen Sohn. Gott wirkt alle seine Werke deshalb, dass wir der eingeborene / Sohn sind. Wenn Gott sieht, dass wir der eingeborene Sohn sind, so drängt / Gott so schnell nach uns und eilt so sehr und tut gerade so, als wollte ihn sein göttliches / Sein zerbrechen und an sich selbst zunichte werden, damit er uns offenbare [5] den ganzen Abgrund seiner Gottheit und die Fülle seines Wesens und seiner

Natur; / da eilt Gott herzu, dass er unser eigen sei, so wie er sein eigen ist. Hier hat Gott / Lust und Wonne in Fülle. Dieser Mensch steht in Gottes Erkennen und / in Gottes Liebe und wird nichts anderes, als was Gott selber ist.

[195,1] Hast du dich selbst lieb, so hast du alle Menschen lieb wie dich selbst. / So lange du einen einzigen Menschen weniger lieb hast als dich selbst, so / gewönnest du dich selbst nie in Wahrheit lieb, wenn du nicht alle Menschen lieb hättest / wie dich selbst – in einem Menschen alle Menschen; und der Mensch ist [5] Gott und Mensch. So steht es mit dem Menschen recht, der sich selbst lieb hat und alle / Menschen lieb (hat) wie sich selbst, und (mit) dem ist es ganz recht. Nun sagen allerhand Leute: / Ich habe meinen Freund, von dem mir Gutes zuteil wird, lieber als einen andern / Menschen. Mit denen steht es unrecht, das ist unvollkommen. Doch muss man es ertragen, wie (auch) / allerhand Leute, die über das Meer mit halbem Wind fahren und auch herüberkommen. Ebenso [10] steht es mit den Leuten, die einen Menschen lieber haben als den andern: das ist natürlich. / Hätte ich ihn so recht lieb wie mich selbst, was je ihm dann geschähe zu / Liebe oder zu Leide, es wäre Tod oder Leben, das wäre mir ebenso lieb, wenn es / mir geschähe wie ihm, und das wäre rechte Freundschaft.

Darum sagt der heilige Paulus: »Ich wollte ewiglich geschieden sein von [15] Gott, um meines Freundes und um Gottes willen« (Röm 9,2). Einen Augenblick von Gott / scheiden, das ist ewiglich von Gott geschieden sein. Von Gott scheiden ist höllische / Pein. Was meint nun Sankt Paulus mit diesem Wort, das er sprach, er wollte [196,1] von Gott geschieden sein? Jetzt fragen die Meister, ob Sankt Paulus auf dem Weg / der Vollkommenheit wäre oder ob er ganz vollkommen wäre. Ich sage, / dass er in ganzer Vollkommenheit stand; er könnte (sonst) nicht anders gesprochen / haben. Über dies Wort will ich »deutsch« mit euch reden, das Sankt Paulus sprach, dass er von Gott [5] geschieden sein wollte.

Das Höchste und Eindringendste, was der Mensch lassen kann, das ist, dass / er Gott lässt um Gottes willen. Nun ließ Sankt Paulus Gott um Gottes willen. Er ließ alles, was er [197,1] von Gott erhalten konnte, und ließ alles, was ihm Gott geben konnte, und alles, / was er von Gott empfangen konnte. Da er das ließ, da ließ er Gott um Gottes willen und / da blieb ihm Gott, so wie Gott seiend ist in sich selbst; nicht als ob Gott sich selbst empfangen / hätte oder sich selbst gewonnen hätte, vielmehr dann in einer solchen Seinsfülle, [5] die Gott in sich selber ist. Er gab Gott nie etwas, noch empfing er je etwas von Gott: / es ist ein Eines und eine lautere Einung. Hier ist der Mensch ein wahrer Mensch, / und (doch) fällt in diesen Menschen kein Leid, so wenig als es in göttliches Sein / fallen kann. Ich habe vielmehr davon gesprochen, dass etwas in der Seele ist, das Gott / so verwandt ist, dass es Eines ist und nicht vereint. Es ist Eines, es hat mit nichts [10] etwas gemein, noch ist ihm von alledem etwas gemein, was geschaffen ist. / Alles, was geschaffen ist, ist nicht(s). Jenes aber ist aller Geschaffenheit fern und [198,1] fremd. Wäre der Mensch gänzlich so, dann wäre er ganz und gar ungeschaffen und / unerschaffbar. Wäre alles das so, das körperlich und mangelhaft ist, / wäre das begriffen in der Einheit, es wäre nichts anderes, als was die / Einheit selber ist. Fände ich mich einen Augenblick in diesem Sein, ich [5] achtete so wenig auf mich selbst wie auf einen Mistwurm. / [199,1] Gott gibt allen Dingen gleich, und wie sie von Gott (aus)fließen, so sind sie / gleich: ja, Engel und Menschen und alle Kreaturen fließen von Gott gleich(aus), in / ihrem ersten Ausfluss. Wer nun die Dinge in ihrem ersten Ausfluss annähme, der nähme / alle Dinge gleich. Wenn sie

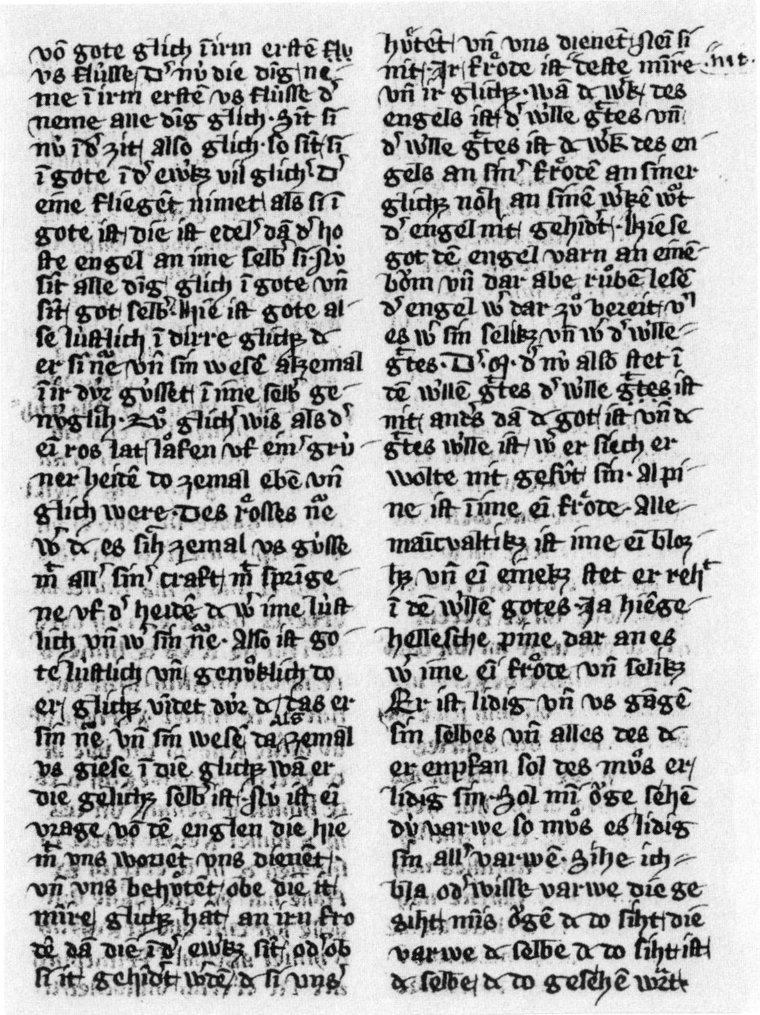

Abb. 10 Textfragment aus der Predigt 12: »[fließen] von Gott gleich (aus)... was mit den Augen gesehen wird.«, s.S. 102-105

schon in der Zeit so gleich sind, so sind sie in Gott in der Ewigkeit [5] viel gleicher. Wer eine Fliege nimmt in Gott – die ist in Gott edler, als der / höchste Engel in sich selber ist. Nun sind alle Dinge gleich in Gott und sind Gott selber. / Hier in dieser Gleichheit hat Gott solche Lust, dass er in dieser Gleichheit in sich selber sein Wesen / und seine Natur ganz und gar durchströmt. Daran hat er Lust, gleicherweise / wie (einer), der ein Ross auf einer grünen Heide laufen lässt, die ganz eben und [10] gleich wäre; des Rosses Natur wäre, dass es sich ganz ausgösse mit all seiner / Kraft beim Springen auf der Heide. Das böte ihm Lust und wäre seine Natur. [200,1] So hat Gott Lust und Genügen, wenn er Gleichheit findet. Es ist ihm eine Lust, / dass er seine Natur und sein Wesen allzumal in die Gleichheit ausgießt, weil / er die Gleichheit selber ist.

Nun ist es eine Frage, die Engel betreffend, ob die Engel, die hier bei uns wohnen [5] und uns dienen und uns behüten, ob die etwas geringere Gleichheit in ihren / Freuden haben, als die (Engel), die in der Ewigkeit sind, ob sie von irgend etwas beraubt werden / durch das Wirken, mit dem sie uns behüten und uns dienen. Ich sage: Nein, sie (verlieren) nichts. Ihre / Freude und ihre Gleichheit ist überhaupt nicht geringer; denn das Wirken des Engels ist / Gottes Wille, und der Wille Gottes ist das Wirken des Engels; darum wird er [10] nicht behindert in seiner Freude, auch nicht in seiner Gleichheit, noch in seinem Wirken. / Hieße Gott den Engel zu einem Baum gehen und hieße er ihn dort Raupen ablesen, / der Engel wäre dazu bereit, die Raupen zu lesen, und es wäre seine Seligkeit / und wäre Gottes Wille.

Der Mensch, der nun so im Willen Gottes sich befindet, der will nichts anderes, [15] als Gott und Gottes Wille ist. Wäre er krank, er wollte nicht gesund / sein. Alle Pein ist ihm Freude. Alle Mannigfaltigkeit ist ihm Unverhülltsein und / Einheit, befindet er sich nur recht im Willen Gottes. Ja, wäre damit höllische Pein verbunden (auch) [201,1] das wäre ihm Freude und Seligkeit. Er ist ledig und aus sich selbst herausgegangen (= hat sich selber / aufgegeben), und er muss alles dessen ledig sein, das er empfangen soll. Soll mein / Auge die Farbe sehen, so muss es aller Farbe ledig sein. Sehe ich blaue oder / weiße Farbe: die Sehkraft meines Auges, welche die Farbe sieht – dasselbe, was [5] sieht, das ist dasselbe, was mit den Augen gesehen wird. Das Auge, / in (mit) dem ich Gott sehe, ist dasselbe Auge, in (mit) dem Gott mich sieht. Mein Auge / und Gottes Auge, das ist ein Auge und eine Sehkraft und ein Erkennen und ein / Lieben.

Der Mensch, der sich so in Gottes Liebe findet, der soll sich selbst tot sein und [10] allen geschaffenen Dingen, sodass er seiner selbst so wenig achtet wie auf etwas, das / über tausend Meilen (weg ist). Dieser Mensch bleibt in der Gleichheit und bleibt in der Einheit [202,1] und bleibt ganz und gar gleich: in ihn fällt keine Ungleichheit. Dieser Mensch muss sich / selbst gelassen haben und diese ganze Welt. Gäbe es einen Menschen, der (Besitzer) dieser ganzen / Welt wäre, und er ließe sie bloß um Gottes willen, wie er sie empfing, / dem möchte unser Herr diese ganze Welt wiedergeben und auch das ewige Leben. Und wäre da [5] ein anderer Mensch, der nichts hätte als einen guten Willen, und er dächte: / Herr, wär diese Welt mein und hätte ich dann noch eine Welt und wieder eine / weitere – das wären drei – und er wünschte sich das: Herr, ich will diese (alle) lassen, / und mich selbst so bloß, wie ich es von dir empfangen habe, dem Menschen / gäbe Gott so viel, wie wenn er alles mit seiner Hand weggegeben hätte. Ein [10] anderer Mensch, der weder Leibliches noch Geistliches zu lassen oder zu / geben hätte, dieser Mensch ließe das allermeiste. Der (Mensch), der sich ganz und gar ließe (nur) einen Augenblick, [203,1] dem würde *ganz und gar gegeben.* Und wäre ein Mensch zwanzig Jahre gelassen, / nähme er sich selber (nur) einen Augenblick wieder auf, der war noch nie gelassen. Der / Mensch, der gelassen hat und gelassen ist und der niemals (nur) einen Augenblick auf das / blickt, was er gelassen hat, und der »stet« bleibt, in sich selber unbewegt [5] und unwandelbar, der Mensch allein ist gelassen.

Dass wir so »stet« bleiben und so unwandelbar wie der ewige Vater, dazu / helfe uns Gott und die ewige Weisheit. Amen.[2]

2
Interpretation

Vorbemerkungen

Von seinem ersten niedergeschriebenen mittelhochdeutschen Text an (zwischen 1294 und 1298 »Reden der Unterscheidung«) betont Eckhart, dass der Mensch alles »lassen«, aus allem »ausgehen«, ja »zunichte werden« müsse, damit ihn Gott erfülle. Bereits im zweiten Absatz der »Reden« finden sich nacheinander vier dialektische Formeln über das »Ausgehen des Menschen aus sich selbst« und das »notwendige Eingehen Gottes« als dessen Folge. Die letzte und intensivste Formulierung lautet: *dâ ich mich âne lâze, dâ muoz er mir von nôt wellen, allez daz er im selben will, noch minner noch mêr, und mit der selben wîse, dâ er im mit wil.* Und entaete (täte) *got des nicht, in der wârheit diu got ist, sô enwaere* (wäre) *got niht gereht noch enwaere got, daz sîn natiurlich wesen ist* (DW 5,187,7-188,2). In der zweiten Hälfte seines Wirkens, nach dem ersten Pariser Magisterium, also ab 1303, tritt die Lehre hinzu, der Mensch sei Gottes Sohn, so aus Gott geboren (und aus ihm »ausgeflossen«) wie das ewige Wort, der Sohn, in dem der Vater sich selbst erkennt. Das »Buch der göttlichen Tröstungen« wird von einigen für die Jahre vor dem zweiten Pariser Magisterium angesetzt.[3] Da in dieser Schrift das »Opus tripartitum« aufscheint, ist – nach K. Ruh – eine Spätdatierung (nach 1414) zwingend.[4] Bereits der erste Trostgrund dieses Traktats gewinnt seine Kraft aus der Erschaffung des Menschen, der *nâch gote gebildet ist* (5,11,10). Das genügt jedoch für *die hoehsten krefte der sêle* (11,6) nicht, *wan sie got selben niht ensint* (denn sie sind nicht Gott selber: 11,1). Wer Sohn ist, muss aber auch Vater sein: *sô muezen sie ir selbes entbildet werden und in got aleine überbildet und in gote und ûz gote geborn werden, daz got aleine vater sî; wan alsô sint sie ouch gotes süne und gotes eingeborn sun. Wan allez des bin ich sun, daz mich nâch im und in sich glîche bildet und gebirt*[5] (11,12-15).

Daraus ergibt sich Eckharts Rede von dem »Einen« (Gottes und der Seele): »die edle Seele ... Eins mit Einem, Eins von Einem, Eins in Einem und in Einem Eins in Ewigkeit« (Ende »Von dem edlen Menschen«: 5,119,5-7). Da gibt es Widerspruch und herbe Vorwürfe, die Eckhart betrüben und zu seinen Wahrheitsbeteuerungen veranlassen: »Mir genügt, dass in mir und in Gott wahr ist, was ich spreche und schreibe.« Erfahrung (der Wesensschau) steht dahinter, nicht allzu kühnes, eventuell häretisches metaphysisches Denken!

Der späte Eckhart hat fast ohne Unterbrechung von diesem Geheimnis gepredigt. Als Grund der Einheit erkennt und bekennt er jetzt: Gottes Sohn ist, wer alles gelassen hat und ganz und gar aus sich ausgegangen ist. Der steht in Gottes Ewigkeit, und dafür ist der Mensch von vornherein angelegt: Es ist »etwas in der Seele, das ist ungeschaffen und unerschaffbar«; dies kann gar nicht sterben, ist vielmehr ewig im unveränderlichen »Nun« Gottes. Manchmal nennt das Eckhart *vünkelin* oder *bürgelin*; »Seelengrund« ist der vorherrschende Begriff. Mit der Lehre von dem »etwas in der Seele«, vom namenlosen und unsagbaren »Seelengrund« erscheint das letzte Element in der Mystik Eckharts, das erst beim späten Eckhart begegnet.[6] Es findet sich in fast allen für die letzten Jahre angesetzten Predigten. Eckharts Pr.12 trägt diese Einsicht so triumphierend, so völlig überzeugt vor, dass sie wohl zu den letzten Predigten Eckharts gehört, die in Köln gehalten wurden.

Auslegung

Ewige Weisheit [192,1-11]

Eckhart beginnt mit der Zitation aus der lateinischen Übersetzung der Bibel (Ecclesiastes 24,30; Siracides / griech. 24,22 in etwas anderem Wortlaut, was sehr selten ist). Der lateinische Text ist dreigliedrig, aus *drin wörtelîn*. Eckhart schiebt zwischen 1 und 2 eine eigene Bemerkung ein: »schämte er sich über etwas, so schämte er sich dessen, dass er sich schämt«. Dass Eckhart statt zuschanden werden »schämen« sagt, vermag ich nicht zu erklären – Zitation aus dem Gedächtnis; absichtliche anders lautende Übersetzung?

Die drei Teile von 24,30f. (Vulgata) wären Anlass für drei Predigten. Eckhart beschränkt sich auf den ersten Teil. Nach dem ersten Vers von »Ecclesiasticus« spricht Gottes Weisheit; so auch bei Eckhart! Anknüpfend an die stets vorgetragene Lehre von »Sich-Lassen«, »von Gott erfüllt Werden«, »Eines-Sein«, wird auch hier das Hören an Bedingungen geknüpft: *inne sîn ... dâ heime sîn ... ein sîn* (192,10). Wir lesen die vollendete Theologie Eckharts bzw. es hat die Versprachlichung seiner Erfahrung ihre Vollkommenheit erreicht.

Mensch nicht anders als Gott [193,1 – 194,8]

Drei Hindernisse des Hörens werden genannt: neben »Körperlichkeit« zwei der aristotelischen Kategorien: »Vielheit« (Zahl) und »Zeitlichkeit«. Die Vielheit widerspricht dem Einen, die Zeitlichkeit dem Nun der Ewigkeit. Denn Gott ist und spricht in *êwicheit ... in einicheit und in der wuestunge* (Wüste, Einöde, vollkommne Stille). Nur wer dorthin gelangt, hört *daz êwige wort* (193,3-5). Die Voraussetzung dafür ist hier wie stets: Man muss *sich selber gelâzen* haben und *muoz gar (ganz) gelâzen sîn* (6f.). Dann werden Hörender und Gehörter Eines! (7f.) Von hier aus führt der Weg über den Inhalt dessen, was der Vater zum eingeborenen Sohn und unserm Sohn-Sein spricht: *daz offenbâret er uns alzemâle in sînem eingebornen sune und lêret uns, daz wir der selbe sun sîn* (9-11). Dann »eilt Gott herzu«, »um uns den Abgrund seiner Gottheit zu offenbaren«. Er verhält sich, als zerbräche ihm seine Gottheit ohne uns. Er will, dass er *unser eigen sî, alsô, als er sîn eigen ist* (194,6). Intensiver lässt es sich nicht sagen.

Eckhart wird dann nicht falsch verstanden, wenn man weiß: Er treibt hier nicht dogmatische Gotteslehre oder theologische Gottesmetaphysik, sondern er redet von einer Beziehung, einer Relation von Gott und Mensch, die etwas Lebendiges, von Eckhart Erfahrenes ist. So werden immer zwei Aussagen miteinander verbunden. Die Relation muss zweifach gesagt werden: Aber es ist ein und dieselbe Wirksamkeit / Wirklichkeit. Gott offenbart seine Gottheit. Gott lehrt und wirkt, er offenbart den »Abgrund seiner Gottheit«, aber nur dem, der »aus sich ausgegangen ist«. Zu einem solchen Menschen »drängt« es Gott: *dâ îlet got zuo* - ein schönes Bildwort. Sagt Eckhart »Gottheit«, so nennt er das vollkommene Geheimnis, von dem jedes Wort und jeder Name zu viel sind. Gottheit ist, was sie ist, und die mit der Gottheit Eines gewordene Seele ist auch, was sie ist, ebenfalls unsagbar (Predigt 17; 1,284,4ff.). Gott offenbart dem Menschen als »Sohn«, was keinen Namen hat. Das liegt selbst jenseits der Eckhart so kostbaren Lehre von dem dreifaltigen Gott. Von den trinitarischen Unterscheidungen redet man schließlich nur, um die je größere »Gleichheit« zu bekennen. Wer Gottes Sohn gewor-

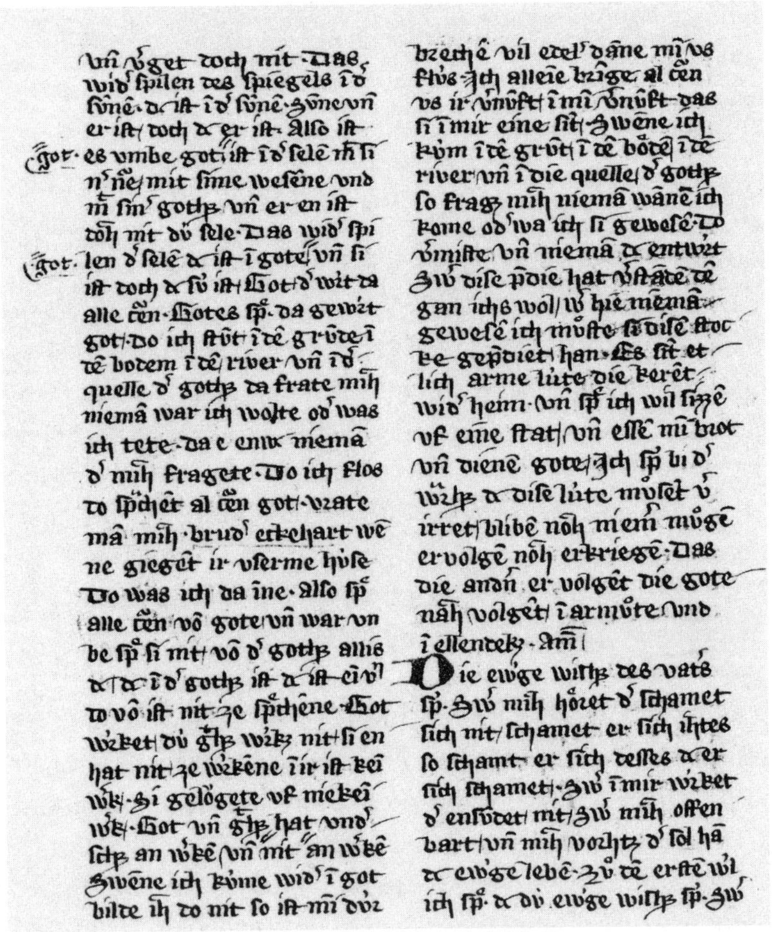

Abb. 11 Anfang der Predigt 12 »Das Wort, das ich… dass die ewige Weisheit spricht«, s.S. 99f.

den ist, dem wird Gott zu Eigen. Er steht »in Gottes Erkennen und Lieben«; er wird, »was Gott selbst ist«. Man bedenke jedoch: *nur weil Gott es wirkt!*[7]

Es ist Eines und eine lautere Einung

[195,1-13] Bevor Eckhart zum eigentlichen Thema der Einheit gelangt, behandelt er das Voraus-Thema der Nächstenliebe, wie sie unvollkommen und wie sie vollkommen ist. Das Gesagte ist so schlicht, so eindeutig und selbstverständlich, dass es keiner Erläuterung bedarf. Jedoch sollte man vielleicht darauf hinweisen, dass Eckhart auch weniger vollkommene Menschen toleriert und ans Ziel kommen lässt. Wer seinen Freund mehr liebt als andere, das muss man hinnehmen. Er fährt mit halbem, statt mit ganzem Wind übers Meer. Das dauert länger, aber auch er kommt ans Ziel.

[195,14-196,5] Über Röm 9,3 macht sich Eckhart öfters Gedanken: Paulus möchte (um seine Brüder aus dem jüdischen Volk zu retten) lieber selber »von Gott geschieden« sein (im griechischen Text wörtlich: »ein Fluch sein«) und »höllische Pein« erdulden. Anderswo fügt er hinzu: »Wäre dieser Mensch in der Hölle, Gott müsste zu ihm in die Hölle, und die Hölle müsste ihm (dadurch) ein Himmelreich sein« (s.u.). Aber hier gibt er zur Diskussion Anlass, ob einer, der so redet, noch unterwegs ist zur Vollkommenheit oder ob er die Vollkommenheit schon erlangt hat. Für Eckhart gilt, *daz er stuont in ganzer vollkommenheit* (196,3). Das will er uns *diutschen*, d.h. erklären.

[196,6-198,5] Die höchste Form, sich zu lassen, ist »Gott um Gottes willen zu lassen«. Paulus war um Israels willen dazu bereit. Eckhart entdeckt ein neues Paradox: Paulus hat Gott gelassen – *dô bleip im got.* Das ist scheinbar widersprüchlich, aber die Erfahrung lässt sich nicht anders aussagen, als dass Gott gerade dann bleibt, ja umso intensiver gegenwärtig ist, wenn man »um seinetwillen« auf ihn zu verzichten bereit ist. Freilich ist Derartiges keine Metaphysik und kann nicht »ausgedacht«, sondern im Verzicht »erfahren« werden.

Hier wird nicht mehr »gegeben« noch »empfangen« - »es ist Eines und eine lautere Einung«. Und darauf folgt Eckharts radikalste, aber auch schönste und geheimnisvollste Einsicht: ... *daz etwaz in der sêle ist, daz gote alsô sippe ist, daz ez ein ist und niht vereinet*[8] (197,8f.). Dieses »etwas« ist *aller geschaffenheit verre*, und wäre der ganze Mensch so, er wäre *alzemâle ungeschaffen und ungeschepfelich* (198,1f.). Das aber ist nicht so, und darum muss der Mensch sterben. Aber »etwas« an ihm stirbt eben nicht und kehrt heim zu Gott – auch das ist etwas »Unsagbares«. Darauf ist der, dem Einsicht geschenkt ist, freilich nicht stolz. Er beachtet sich selbst so wenig wie einen »Mistwurm«: *Vünde ich mich einen ougenblic in dizem wesene* (Sein), *ich achtete als* (so) *wênic ûf mich selben als eines mistwürmelîns* (198,4f.).

Alle Dinge sind Gott selber
[199,1 – 200,13]

Für die Lust, die Gott empfindet, wählt Eckhart in seiner Vorliebe für Konkretes, für das, was man sieht und hört und erfährt, als Gleichnis einen drastischen Vergleich: Wie das Ross, das man auf der grünen Wiese frei laufen lässt – einer ebenen Wiese ohne Hindernisse – seine Ross-Natur kraftvoll in Springen und Laufen ausdrückte: *daz ez sich zemâle ûz güzze mit aller sîner kraft mit springenne ûf der heide* (199,10f.) und darin seine Lust hat, so *ist gote lustlich und genuoglich, da er glîcheit vindet*[9] (200,1). Er ist ja die Gleichheit selbst und gießt diese Gleichheit über alle Kreaturen »voller Lust« aus. Eckhart fordert oft dazu auf, in allen Dingen Gott zu finden, so schon in den »Reden der Unterscheidung« (DW 5,278,14). Gott ist in allen Dingen, und ohne ihn wären sie nicht, fielen zurück ins Nichts. In unserer Predigt wird die Gleichheit aller geschaffenen Wesen in Gott betont, vom Engel bis zur Fliege. Und wenn an ihren Ursprung gedacht wird, dann gilt die ungeheure Aussage: »alle Dinge gleich in Gott ... sind Gott selber«. – Eckharts Schöpfungslehre kennt keine Reden von Geschöpfen ohne die Rede vom Schöpfer.

Die Erschaffung ist »ein Ausfließen« aus Gott. Im »Ausfluss« (also noch bevor sie ihre irdische Existenz haben) sind alle Dinge »gleich«. Dass die Dinge nach ihrem Erschaffen noch »Gleichheit« haben, liegt an der Erkenntnis-Intention der Vernunftseele, deren Wesensgrund ungeschaffen ist bzw. etwas »Ungeschaffenes« hat.[10] Begegnet der leer gewordene und von Gott erfüllte Mensch den Dingen, so findet er dort »lauter Gott«[11]. Er holt sie dadurch gewissermaßen heim »in die Gleichheit«. – Im eigentlichen, vollen Sinn wird aber Gleichheit geschenkt in der »Geburt als Sohn« nach Art des »eingebornen Sohns«. Was anderswo als »Erleuchtung« oder »Wesensschau« bezeichnet wird, erscheint bei Eckhart als »Gießen seines Wesens in die Gleichheit«: *daz er sîne natûre und sîn wesen alzemâle dâ giezende ist in die glîcheit, wan er die glîcheit selber ist* (200,2f.). Das (mystische) Ereignis der »Geburt als Sohn« macht den Menschen Eines mit dem Einen[12].

Eine Überlegung über die »Schutzengel« wird angefügt, die keine große inhaltliche Bedeutung hat. Durch ihren Dienst an uns haben sie keinerlei Einbuße, denn sie erfüllen Gottes Willen. Schickte Gott einen Engel zum Raupen-Lesen, so fände er auch das voller Freude, *und ez waere sîn saelicheit und waere der wille gotes* (200,12f.).

MEIN AUGE UND GOTTES AUGE, DAS IST EIN AUGE
[200,14 – 203,7]

Wem das geschenkt ist, der kann gar nichts mehr wollen als das, was Gott will. Selbst wenn Gott Leid will, ja, wenn er die »höllische Pein« will. Das ist nicht seelischer Masochismus, sondern die von Eckharts Mystik geforderte völlige »Leere« dessen, der ganz und gar aus sich herausgegangen ist.[13] Nur das Auge, das selber von Farbe leer ist, kann die Farbe sehen; nur wer leer ist, kann Gott sehen: »mein Auge und Gottes Auge, das ist ein Auge« (201,6f.), »*ein* Erkennen, *ein* Lieben«. Der Gesehene und der Sehende sind für den Philosophen und Mystiker Eckhart *ein gesiht* (= Sehkraft) *und ein bekennen* (= Erkennen) – ein für unser Denken, das Ursache und Wirkung trennt, ohne zu beachten, dass diese nicht ineinander fallen (Monismus), aber auch nicht zwei sind (sanskrit: »adwaita = Nicht-Zweiheit«), schwer nachvollziehbarer Gedanke. Für eine andere (nicht-aristotelische) Philosophie (und Theologie!), zum Beispiel eine neuplatonisch beeinflusste, ist das kein Problem. Goethe sagt: »Wär nicht das Auge sonnenhaft, / die Sonne könnt es nicht erblicken.« Und als Jesus-Logion (Q - ›Jesus Wort‹) findet sich bei Lk 11,34: *Ho lychnós toū sómatós estin ho ophthalmós sou* – »Das Licht deines Leibes ist dein Auge«. Das Auge *sieht* nicht nur Licht, es *ist* Licht und macht so den ganzen Leib hell: Es ›erleuchtet‹ ihn. Dass dies auch mit »meinem Auge« und »Gottes Auge« so sei, wird von Eckhart aufgrund der »Einheitserfahrung« ausgesagt. Durch bloßes Denken abgesichert, wäre es eine vermessene Behauptung.

Eckhart vergleicht gern einen, der alles hat und es lässt, mit einem, der nichts hat und auch noch das Erstreben oder Wollen von etwas lässt. Letzterer lässt mehr. An dieser Stelle werden drei Menschentypen genannt: Der erste hat diese ganze Welt *ein mensche, des alliu disiu werlt waere* (202,f.). Ließe er sie um Gottes willen, dann gebe sie ihm Gott wieder *und ouch daz ewige leben* (4). Der zweite, *der niht enhaete dan eines gueten willen* (5), stellt sich vor, drei Welten zu besitzen, will aber lieber das alles lassen *und mich selben alsô blôz, als ich ez von dir empfangen hân* (8), der bekäme alles – wie der erste. Der Dritte hat überhaupt nichts, was er lassen könnte: *der mensche lieze allermeist* (11). Der Unterschied zwischen 2 und 3 ist rein formal. Eckhart meditiert es so lange aus, bis er glauben kann, dass ihn jeder verstanden habe.

Eine Sentenz schließt die Vorstellung der drei ab: Der sich ganz und gar ließe – nur einen Augenblick -, *dem würde zemâle* (ganz und gar) *gegeben* (203,1). Zwanzig Jahre alles lassen und sich selber wieder nur einen Augenblick in Besitz nehmen: *er enwart* (war) *noch nie gelâzen* (2). Wer aber alles lässt und es nie wieder aufnimmt, ... *der mensche ist aleine gelâzen* (5).

3
Schlussbemerkung

Höher kann man es mit der Gelassenheit nicht treiben. Soweit ich sehe, hat das Eckhart auch an keiner anderen Stelle getan. Predigt 12 steht in gewisser Weise am Ende. Sie ist – zusammen mit Predigt 52 – Eckharts Gipfel; nur ist Predigt 12 wesentlich verständlicher als 52, eben für schlichte Hörer gepredigt.

VI
EIN LEBEN, EIN WESEN UND EIN WERK

PREDIGT 6

Die Gerechten leben in Ewigkeit

1
Übersetzung des Textes

[99,2] »Die Gerechten werden in Ewigkeit leben, und ihr Lohn ist bei Gott.« Jetzt bemerkt / diesen Sinn ganz genau: Lautet er auch unangemessen und gewöhnlich, so ist er doch ganz / bemerkenswert und ganz gut.

[5] »Die Gerechten werden leben.« Welches sind die Gerechten? Eine Schrift / sagt: »Der ist gerecht, der einem jeden gibt, was sein ist: die Gott / geben, was sein ist, und den Heiligen und den Engeln, was ihrer ist, und dem / Mitmenschen, was sein ist.

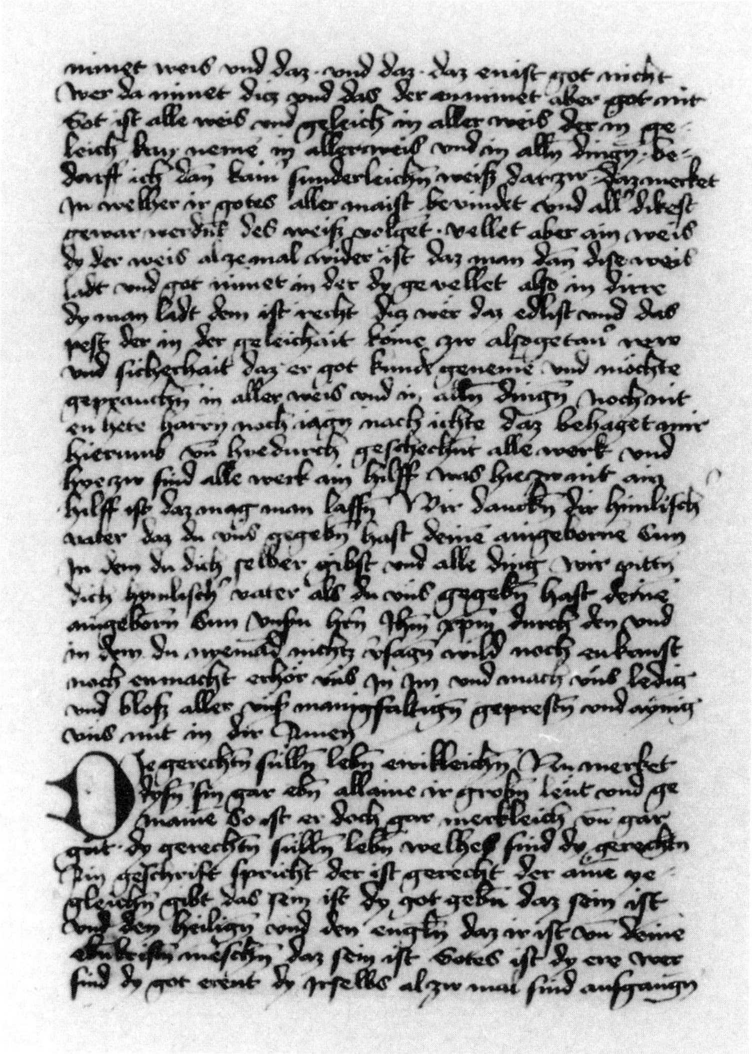

Abb. 12 Anfang der Predigt 6: »Die Gerechten werden in Ewigkeit leben... ganz und gar ausgegangen sind«, s.S. 119-121

[100,1] Gottes ist die Ehre. Wer sind (sie), die Gott ehren? Die aus ihrem Selbst ganz und gar / ausgegangen sind und an keinen Dingen ganz und gar nicht das ihre suchen, was es auch / sei, weder groß noch klein, die nicht unter sich, noch über sich, noch neben sich, / noch auf sich hin sehen, die nicht nach Gut, noch Ehre, noch Bequemlichkeit [5] noch Lust, noch Nutzen, noch Innerlichkeit, noch Heiligkeit, noch Lohn, noch Himmelreich trachten / und aus all diesem ausgegangen sind, aus all dem ihren. Von diesen Leuten hat Gott Ehre und die / ehren Gott eigens und geben ihm, was sein ist.

[101,1] Man soll den Engeln und den Heiligen Freude geben. O Wunder über / alle Wunder! Kann ein Mensch in diesem Leben denen Freude geben, die im / ewigen Leben sind? Ja, wirklich! Ein jeder Heiliger hat so große Lust / und so unsagbare Freude wegen eines jeden guten Werkes, eines guten Willens [5] oder eines Wunsches wegen haben sie so große Freude, dass es kein / Mund aussprechen kann; noch kann ein Herz es sich ausdenken, wie große Freude / sie deswegen haben. Warum ist das (so)? Da lieben sie Gott so maßlos, so / sehr und haben ihn so recht lieb, dass seine Ehre ihnen lieber ist, als ihre Seligkeit. Nicht / allein die Heiligen und die Engel, mehr noch: Gott selbst hat daran so große Lust, [10] recht als ob es seine Seligkeit sei, und sein Wesen hänge daran und sein Genügen / und sein Wohlgefallen. Ja, nun merkt auf! Wollen wir Gott wegen keiner andern / Sache dienen, als um der großen Freude willen, die jene daran haben, die im / ewigen Leben sind, und Gott selber, wir mögen es gern tun und mit allem Fleiß.

Man soll auch denen geben, die im Fegfeuer sind, nämlich Hilfe und Besserung.[1]

[102,1] Dieser Mensch ist in einer Weise gerecht. Aber in einem andern Sinn / sind die gerecht, die alle Dinge von Gott gleich empfangen, was es auch sei, es sei groß / oder klein, lieb oder leid und alles

gleich, nicht weniger noch mehr, eins wie das / andere. Schätzest du das eine etwas mehr als das andere, so ist das unrecht. Du sollst [5] aus deinem Willen ganz und gar ausgehen.

Ich dachte neulich über ein Ding nach: Wollte Gott nicht wie ich, so wollte / ich doch wie er. Manche Leute wollen bei allen Dingen ihren eigenen Willen haben; / das ist böse, da fällt ein Makel darauf. Andere sind ein wenig besser, die / wollen wohl, was Gott will, gegen seinen Willen wollen sie nichts; wären sie [10] krank, so wollten sie wohl, dass es Gottes Wille wäre, dass sie gesund wären. Also / wollten diese Leute, dass Gott lieber nach ihrem Willen wollte, als dass sie nach seinem / Willen wollten. Man muss es ertragen, es ist aber unrecht. Die Gerechten haben / überhaupt keinen Willen: Was Gott will, das ist ihnen alles gleich, wie groß auch das / Ungemach sei.

[103,1] Den gerechten Menschen ist es so ernst mit der Gerechtigkeit: wäre Gott / nicht gerecht, sie hätten nicht eine Bohne auf Gott Acht, und sie stehen so fest / in der Gerechtigkeit und sind aus sich selbst so ganz ausgegangen, dass sie nicht achten / auf die Pein der Hölle, noch auf die Freude des Himmelreichs, noch auf irgendein Ding. Ja, wäre all [5] die Pein, die jene haben, die in der Hölle sind ...², oder all die Pein, / die auf Erden je gelitten wurde oder jemals wird gelitten werden, hätte die ihren / Sitz bei der Gerechtigkeit, sie achteten ihrer nicht im Geringsten, so fest wohnen sie / bei Gott und der Gerechtigkeit. Dem gerechten Menschen ist nichts peinlicher, [104,1] noch schwerer als das, was wider die Gerechtigkeit ist, dass er nicht in allen Dingen / gleicher Gesinnung ist. Wie denn? Kann ihn ein Ding freuen und ein anderes betrüben, / so ist er nicht gerecht. Vielmehr: Sind die Gerechten zu einer Zeit froh, so sind sie / allezeit froh. Haben sie zu einer Zeit größere Freude und zu der anderen geringere so steht es unrecht [5] mit ihnen. Wer je die Gerechtigkeit liebt, der steht so fest da-

rauf: was je er liebt, / das ist sein Wesen. Den kann kein Ding abbringen, noch gibt er einem Ding andere / Achtung. Sankt Augustinus sagt: »Wo die Seele lebt, da ist sie eigentlicher, [105,1] als wo sie beseelt.«[3] Das Wort klingt unangemessen und gewöhnlich und doch versteht / kaum einer, was es mit ihm auf sich hat, und doch ist es wahr.[4] Wer den Unterschied von / Gerechtigkeit und von dem Gerechten versteht, der versteht alles, was ich sage.

»Die Gerechten werden leben.« Unter allen Dingen wird nichts so geliebt und / [5] begehrt wie das Leben. So ist kein Leben so schlecht, noch so beschwerlich, / ein Mensch wollte dennoch leben. Eine Schrift sagt: »Je näher etwas / dem Tode ist, umso mehr Pein hat es.« Dennoch, wie schlecht auch das Leben ist, / so will es leben. Warum isst du? Warum schläfst du? Darum dass du / lebst. Warum begehrst du Gutes oder Ehre? Das weißt du sehr wohl. Aber: [10] Warum lebst du? Um zu leben, und doch weißt du nicht, warum du / lebst. So sehr begehrt das Leben sich selbst, dass man es um seinetwillen / begehrt. Die in der Hölle sind in ewiger Pein, die wollen nicht ihr Leben / verlieren, denn ...[5], ihr Leben ist so edel, dass es ganz unvermittelt / von Gott in die Seele fließt. Darum, weil es von Gott so unvermittelt [106,1] fließt, darum wollen sie leben. Was ist Leben? Gottes Sein ist / mein Leben. Ist mein Leben Gottes Sein, so muss das Sein Gottes mein sein und / Gottes Wesenheit meine Wesenheit, nicht weniger noch mehr.

Sie leben in Ewigkeit »bei Gott« (Joh 1,1), ganz genau »bei Gott«, nicht darunter noch darüber. [5] Sie wirken alle ihre Werke bei Gott und Gott bei ihnen. Sankt Johannes sagt: / »Das Wort war bei Gott« (1,1). Es war ganz und gar gleich und daneben, nicht darunter / noch darüber, sondern gleich.[6] Als Gott den Menschen machte, da machte er die [107,1] Frau aus der Seite des Mannes, damit sie ihm gleich wäre. Er machte sie / nicht aus dem Haupt, noch aus den Füßen, so dass sie ihm weder Frau / noch Mann wäre, sondern dass sie gleich wäre.⁷ Also soll die gerechte Seele bei / Gott gleich sein und neben Gott, recht gleich, weder unten noch oben.

[5] Wer sind jene, die also gleich sind? Die nichts gleich sind, die allein sind Gott gleich. / Göttliches Sein ist nichts gleich, in ihm ist weder Bild noch Form. Die Seelen, / die so gleich sind, denen gibt der Vater gleich und enthält ihnen gar nichts vor. / Was je der Vater leisten kann, das gibt er dieser Seele gleicherweis. Ja, falls sie sich selber / nicht mehr gleich findet als einen andern, und sie soll sich selbst nicht mehr sein [10] als einem andern. Ihre eigene Ehre, ihren Nutzen und was auch ihr gehört, das soll sie nicht mehr / begehren, noch darauf achten, als das eines Fremden. Was auch jemandem gehört, das soll ihr weder / fremd noch fern sein, sei es schlecht oder gut. Alle Liebe dieser Welt ist [108,1] gebaut auf Eigenliebe. Hättest du die gelassen, so hättest du die ganze Welt [109,1] gelassen.

Der Vater gebiert seinen Sohn in der Ewigkeit, sich selber gleich. »Das Wort war / bei Gott, und Gott war das Wort«: es war das selbe in der selben Natur. Ich sage / noch mehr: Er hat ihn geboren in meiner Seele. Sie ist nicht allein bei ihm gleich, [5] noch er bei ihr, sondern er ist in ihr. Und (es) gebiert der Vater seinen Sohn in der Seele / in der selben Weise, wie er ihn in der Ewigkeit gebiert und nicht anders. Er muss / es tun, es sei ihm lieb oder leid. Der Vater gebiert seinen Sohn ohne Unterlass. / Ja, ich sage mehr: Er gebiert mich (als) seinen Sohn und (als) den selben Sohn. Ich sage / noch mehr: Er gebiert mich nicht allein (als) seinen Sohn, sondern er gebiert mich (als) sich und sich [10] (als) mich und mich als sein Wesen und seine Natur. In der innersten Quelle, da quelle / ich heraus im heiligen Geiste; da ist ein Leben und ein Wesen und ein Werk. [110,1] Alles, was Gott wirkt, das ist Eines:

Darum gebiert er mich als seinen Sohn ohne jeden / Unterschied. Mein leiblicher Vater ist nicht eigentlich mein Vater, sondern mit einem / kleinen Stückchen seiner Natur, und ich bin getrennt von ihm, sollte er tot sein / und ich leben. Darum ist der himmlische Vater wahrhaftig mein Vater, weil [5] ich sein Sohn bin und alles das von ihm habe, was ich habe, und ich der selbe Sohn / bin und nicht ein anderer. Da der Vater nur ein Werk wirkt, darum wirkt / er mich (als) seinen eingebornen Sohn, ohne jeden Unterschied.

»*Wir werden (gänzlich umgeformt und) verwandelt*« *(2 Kor 4,18) in Gott. Bemerkte ein [111,1] Gleichnis. Gleicherweise wie bei dem Sakrament Brot verwandelt wird in / den Leib unseres Herrn, wie viele Brote es auch wären, so wird (es) doch ein Leib; / gleicherweise (gilt): Wären alle die Brote verwandelt in meinen Finger, so wäre (es) / doch nicht mehr, als ein Finger. Noch mehr: Würde mein Finger verwandelt in das Brot [5] so wäre dies so viel, wie jenes wäre. Was in das andere verwandelt wird, das / wird eins mit ihm. Ganz so werde ich verwandelt in ihn, dass er mich wirkt / seinem Sohn ein und gleich.*[8] *Bei dem lebendigen Gott ist das wahr, dass kein Unterschied besteht. [112,1] Der Vater gebiert seinen Sohn ohne Unterlass. Wenn der Sohn geboren ist, da empfängt / er nichts vom Vater, denn er hat es alles. Aber wenn er geboren wird, da empfängt / er vom Vater. Was dies angeht, sollen wir auch nichts begehren von Gott wie von / einem Fremden. Unser Herr sprach zu seinen Jüngern:* »*Ich habe euch nicht Knechte [5] genannt, sondern Freunde*« *(Joh 15,14f.). Wer etwas begehrt vom andern, der ist / Knecht, und wer entlohnt, der ist Herr. Ich dachte neulich, ob ich von Gott / etwas empfangen oder begehren wollte. Das will ich mir sehr genau überlegen, denn wenn ich von Gott / etwas empfinge, da wäre ich unter Gott, wie ein Knecht, und er wie ein / Herr, während er gibt. So wird es mit uns nicht sein im ewigen Leben.*

[113,1] *Ich sagte hier einstmals, und es ist auch wahr: Was der Mensch außerhalb seiner bezieht / oder annimmt, das ist unrecht. Man soll Gott nicht ansehen, noch beachten (als) außerhalb seiner, / sondern als mein Eigen (und was in ihm ist).*[9] *Um ein Warum soll man weder dienen / noch wirken, weder um Gott, noch um seine (eigene) Ehre, noch um irgendetwas, das [5] außer ihm sei, als alleine um das, was sein eigenes Sein und sein eigenes / Leben ist in ihm. Manche einfältigen Leute meinen, sie werden Gott sehen, wie (wenn) er / da stünde und sie hier, so ist's nicht. Gott und ich, wir sind Eines. Mit Erkennen / empfange ich Gott in mir, mit Lieben gehe ich in Gott (ein). Manche sagen, dass Seligkeit* [114,1] *nicht im Erkennen liege, sondern allein im Willen. Die haben unrecht, denn läge / es allein im Willen, so wäre es nicht Eines. Das Wirken und das Werden ist Eines. / Wenn der Zimmermann nicht wirkt, so wird auch das Haus nicht. Wo die Axt / ruht, da ruht das Werden. Gott und ich, wir sind Eines in solchem / Gewirk: er wirkt und ich werde. Das Feuer verwandelt in sich, was je ihm / zugeführt wird, und (das) wird seine Natur. Das Holz verwandelt das Feuer nicht* [115,1] *in sich, vielmehr: das Feuer verwandelt das Holz in sich. Ebenso werden wir in Gott / verwandelt, dass wir ihn erkennen werden, wie er ist. Sankt Paulus sagt: So sollen wir / zum Erkennen kommen, genau ich ihn wie er mich,*[10] *weder weniger noch mehr, / nur gleich. »Die Gerechten werden auf ewig leben, und ihr Lohn ist bei Gott«, also gleich. [5] Dass wir die Gerechtigkeit lieben um ihrer selbst willen und Gott ohne Warum, / dazu helfe uns Gott. Amen.*

2
Interpretation

Vorbemerkungen

Nach der Lektüre der in DW 1-3 kritisch edierten und einiger von Pfeiffer vorgelegter Predigten Eckharts erschien mir Predigt 6 als besonders eindringlich, mit sprachlich schönen Passagen. Sie schien mir Eckhart geradezu typisch zu repräsentieren.
Bei der etwas anstrengenden Neuübersetzung stellte sich die Frage, ob ich der Interpretation wohl gewachsen wäre. Aus dem ersten Teil nenne ich als besonders schwierig den Satz (1,105;2f.): *Swer underscheit verstât von gerehtigkeit und von gerehtem, der verstât allez, daz ich sage.* Die Interpretation, die K. Ruh in »Meister Eckhart«, [1]1985, 156, gibt, und den Neuabdruck dieser Interpretation (in »Geschichte der Abendländischen Mystik«, III im eindrucksvollen Eckhart-Kapitel, S. 340f.) verstehe ich nicht.[11] Ich weiß nicht, wieso der Gerechte als Gebender und Empfangender den Menschen (?) und Gott gegenübersteht, aber »als ›Gerechter, insoweit er gerecht ist‹, ... mit Gott identisch« sei, und ich sehe nicht, wie mir diese Aussage das Verständnis von allem ermöglicht, was Eckhart sagt. Nach einer Lösung des Problems muss also weiter gesucht werden. Dass Quints Lösung, *underscheit* mit »Belehrung« zu übersetzen, richtig ist, hat schon Ruh bezweifelt.
Der erste Teil erschließt sich, wenn man darauf achtet, dass *ûzgan* (seiner selbst, seines Willens) fünfmal nacheinander begegnet. In Predigt 6 werden – mit einer Ausnahme – die übrigen gleichsinnigen Begriffe (ledig, lassen, leer, frei sein,

zunichte werden, abgeschieden sein) durch *ûzgan* ersetzt. Die *gerehten, die zemâle keinen willen haben* (also den lauteren Gehorsam leben, der schon in Kap. 1 der »Reden der Unterscheidung« als Tugend aller Tugenden bezeichnet wird) interpretieren das *ûzgan*. Was es hier zu verurteilen gibt, kann ich nicht nachvollziehen, es wurde aber verurteilt!

Hingegen verstößt der zweite Teil der Predigt, der Gott und Mensch »Eines« werden lässt, in einem Maße gegen das, was man Orthodoxie nennt, dass man sich schon bei der Übersetzung vor die Entscheidung gestellt sieht, abzulehnen oder zuzustimmen. Das 14. Jahrhundert hat durch die Ausrottung der Waldenser und Albingenser und speziell unter dem Pontifikat Johannes XXII. (nach dem über 600 Jahre kein Papst mehr diesen Namen annehmen wollte), durch die Hinrichtung der Templer und der Marguerite Porete, das Verschwinden Eckharts in Avignon und die Konstitution, die Sätze von ihm verurteilt, die Einschätzung sogenannter Häresien verändert. Das, worum es dem Glauben geht, sind nicht »Sätze«, sondern das Handeln aus Glauben und Liebe und die Verehrung Gottes in der Liturgie und in Gebet und Schweigen. Sowohl Denifles Erregung über seinen Ordensmitbruder Eckhart wie auch Hugo Rahners zurückhaltendes, kluges Urteil über die mangelnde Rechtgläubigkeit Eckharts oder Weltes behutsame Versuche, Eckhart recht zu verstehen und ihn zu verteidigen,[12] gehören für mich der Vergangenheit an, die durch die In-Anspruch-Nahme alleiniger Lehrkompetenz im jetzigen Pontifikat keineswegs von neuem Aktualität gewinnen.

Es ist aber auch nicht so, dass es einem anders denkenden Leser versagt werden soll, Abweichungen Eckharts vom »rechten Glauben« in Predigt 6 zu notieren. Einen solchen werde ich an den inkriminierten Stellen aufmerksam zu machen suchen. Wir werfen einen Blick in das Johannesevangelium, das gerade in der Mystik hoch geschätzt wurde und, als Evangelium, für den heutigen Dogmatiker wirkliche Geltung hat: »Gott hat keiner je gesehen. Der Eingeborene Gottes ..., er hat von ihm Kunde gebracht« (1,18). Welche Kunde und wozu, das muss die Lektüre des »innerlichen Menschen« *bevinden*, wie überhaupt die geschenkte »Erfahrung« Gottes Schlüssel der »Vernunft« und Ziel der »Erkenntnis« ist.

Auslegung

DER GERECHTE UND DIE GERECHTIGKEIT
[99,2 – 101,14(15)]

Mit einem Zitat aus dem (deuterokanonischen) Buch der Weisheit: *Die gerehten suln leben êwiclîche* (5,16), das in der Epistel verschiedener Heiligenfeste begegnet, die Largier auflistet[13] (aber nicht wie BT vermerkt, an Allerheiligen), klingt das Thema des ersten Teils der Predigt an: Der Gerechte und die Gerechtigkeit. Die Predigt hat, in jeder Weise wohlgegliedert, zwei deutlich voneinander abgegrenzte Teile. Den Text Weisheit 5,16 nennt Eckhart, ebenso wie eine im folgenden zitierte Schrift *grop und gemeine* (unangemessen und gewöhnlich). Vielleicht stört ihn der Hinweis auf »Lohn bei Gott«: *ir lôn ist bî gote.* Wie Predigt 1 zeigt, hält er ja nichts von Werken, die um des Lohnes willen geleistet werden (1,7,1-11). Auch dort wird das Tun guter Werke *dar umbe, daz in unser herre etwaz dar umbe gebe* als *grop* bezeichnet.

Der Prediger geht seinem Thema in Ruhe nach: *Welhez sint die gerehten*? Gerecht ist nach Institutiones (Iustiniani), »*der einem ieglîchen gibet, daz sîn ist*« (99,6). Es wird differenziert zwischen 1. Gott, 2. den Engeln und den Heiligen, 3. den Mitmenschen.

1. *Gotes ist diu êre* (100,1). Zweimal wird gesagt, dass die Gott ehren, die *ir selbes alzemâle* (ganz und gar) *sint ûzgegangen* (1,1f.), *alles des irn* (6). In aller Breite wird gesagt, worauf sie verzichten. Sie suchen *des irn an keinen dingen* (2); zu diesen »Dingen« gehört auch *heilicheit* und *himelrîche*. Eckharts Gerechtigkeit ist radikal.

2. *Man sol geben den engeln und den heiligen vröude* (101,1). Tatsächlich und wunderbarerweise haben sie Freude daran, wenn Menschen *in dizem lebene* gute Werke aus einem guten Willen wirken. (Es wird nicht eigens gesagt, dass sie es nicht tun, um belohnt zu werden.) Die Freude der Heiligen und Engel ist größer, als es ein *munt ûzsprechen kann, noch kein herze kann ez erdenken* (5f.). Eckhart überbietet sich: *mêr: got selber hât sô grôzen lust dar abe* (darum), *rehte als ob ez sîn saelicheit sî und sîn wesen swebet dar an* (9f.).

Plötzlich und wenig passend, mit divergierender handschriftlicher Überlieferung, soll auch denen, *die in dem vegeviure sint hilfe und bezzerunge* ... und *den, die noch lebent* (14f.)[14] gegeben werden. Das Dritte, der *ebenmensche*, bleibt weg. Mängel der Überlieferung?

AUS SICH SELBST GANZ AUSGEHEN [102,1 – 105,3]

Dem Gerechten, der Gott Ehre gibt, der die Engel und Heiligen durch gute Werke erfreut, auf Besserung derer im Fegfeuer bedacht ist und dem Mitmenschen etwas gibt, von dem der überlieferte Text schweigt, wird ein zweiter *(in einem andern sinne gerehter:* 102,1) an die Seite gestellt. Es handelt sich um jene, *die alliu dinc glîch empfahent von gote.* Eine Gabe mehr zu schätzen als die andere, *ist ... unreht.* Dann wäre die Voraussetzung nicht erfüllt, die macht, dass man Gott selbst empfangen kann. Zum dritten Mal wird eingeschärft: *Du solt dines eigenen willens alzemâle ûzgân* (102,4f.). Das Lassen des eigenen Willens wird paradox formuliert: *enwölte got niht als ich, sô wölte ich doch als er* (6f.). Die »Bösen« *wellent irn eigenen willen hân* (7). Ein wenig besser ist es, nichts *wider sînen willen* zu wollen, aber, wäre man krank, sich zu wünschen, *daz ez gotes wille waere, daz sie gesunt waeren* (10). *Man muoz ez vertragen, im ist aber unreht* (12). Als Dritte stehen ihm gegenüber: *Die gerehten, die enhant zemâle keinen willen: waz got wil, daz ist in* (ihnen) *allez glîch, swie groz* (wie groß auch) *daz ungemach sî* (12-14). Der nächste Absatz steigert das *ir selbes alsô gar ûzgegangen* (103,3: es kommt zum vierten Mal vor) ins Absurde. Manche nennen das Eckharts Hyperbolik (Übertreibung): *waere* (es so), *daz got niht gereht waere, sie enachteten eine bône niht ûf got* - nicht eine Bohne = nicht im Geringsten achteten sie auf ihn (2). Keiner Pein schenkten sie Beachtung, ob Hölle, ob Himmelreich.[15] Alle erdenkliche Pein – sei es in der Hölle, sei es auf Erden – die durch die Gerechtigkeit ihren Sitz hat: *sie enahteten sîn niht eines bast* (ein Bast ist noch weniger als eine Bohne!: 7). Für den Gerechten gibt es gar keine Pein; es gibt nicht mehr den Unterschied, dass *sie ein dinc fröuwen und ein anderz betrüeben* (104,2) kann. Denn das wäre gegen die Gerechtigkeit. Der Gerechte – ob in Pein, ob in Gemach – bleibt gleich: *keines dinges enahtet* (achtet) *er anders* (104,6f.).

So den Willen völlig in Gottes Willen legen, das kann nur die Seele, die liebt, von der Bernhard v. Clairvaux (fälschlich: Augustinus) sagt, sie wirke da *eigenlîcher, dan dâ si leben gibet* (104,7-105,1), was doch die von ihrem Namen ausgesagte Funktion ist: *anima* (die Seele) *animat* (beseelt, belebt). Auch dieses Wort scheint *grop und gemeine* (105,1), vielleicht weil hier der Vorrang der *minne* und nicht der *vernunft* ausgesprochen wird. Aber die wenigen, die es verstehen, begegnen der Wahrheit. *Swer* (wer immer) *underscheit verstât von gerehtigkeit und von gerehtem, der verstât allez, daz ich sage* (105,2f.). Zwar kann *underscheit* auch »Lehre, Belehrung« heißen, aber der Hauptsinn des Wortes ist doch »Unterschied«, so dass ich mich Ruhs Kritik an Quints Übersetzung anschließe.[16] Wir müssen mit Vorsicht sagen, was wir verstehen:

1. Die Unterscheidung von Gerechtigkeit und Gerechtem enthält alles, was Eckhart zu sagen hat.

2. Offenbar ist da ein Unterschied zwischen der Gerechtigkeit und dem Gerechten, und zwar einer, von dem alles abhängt.

3. Solche Bedeutung hätte die Dialektik des Verhältnisses »Gott – Mensch (Kreatur)«. Gott kann, wenn man einer in diesem Band enthaltenen Argumentation folgt, nicht »gerecht« sein, denn das ist steigerungsfähig (»gerechter« und »am gerechtesten«); Steigerung gibt es aber nicht bei Gott, sie kann nur beim Geschöpf eintreten.

4. Aber die Quelle dessen, dass ich ein »Gerechter« sein soll, ja dass davon alles abhängt, dass ich es bin, ist Gottes »Gerechtigkeit«. Keine Aussage von Gott kann durchgehalten werden, ohne dass ich ihr Gegenteil bejahe. So hat es Eckhart bei Dionysius (De divinis nominibus) gelernt. Aber die nötige Annäherung an Gottes Sein ist »Vernunft« und »Gerechtigkeit«, freilich über jedes Maß hinaus, das für Menschen gelten kann.

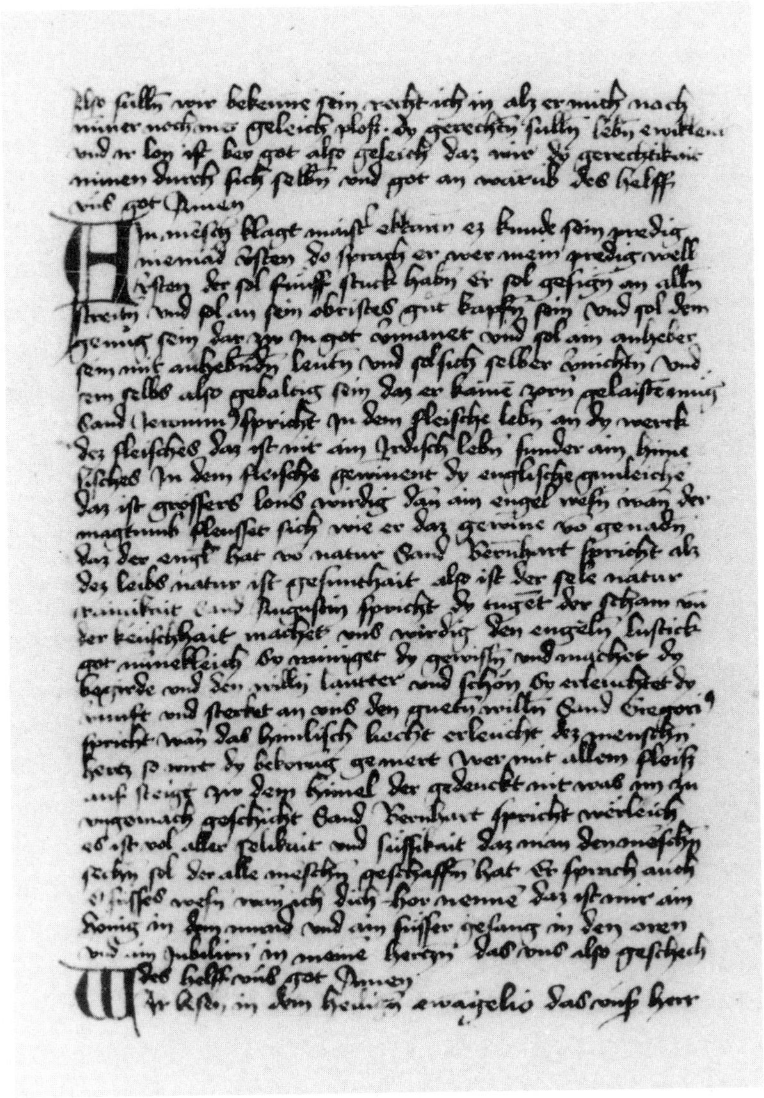

Abb. 13 Schluss der Predigt 6: »So sollen wir zum Erkennen kommen...
dazu helfe uns Gott. Amen.«, s.S. 126

5. Ist es richtig, wenn ich sage, der unermessliche Unterschied zwischen mir als »Gerechtem« (wenn ich es durch völliges Ausgehen aus mir selbst geschenkt bekomme, gerecht zu sein, das heißt: ohne eigenen Willen!) und der namenlosen »Gerechtigkeit« Gottes, kann nicht aufgehoben werden?

6. Dann wäre es Eckharts Lehre, dass der entleerte und von Gott erfüllte »Gerechte« seinem göttlichen Ursprung stets unermesslich unterlegen sei. – Dazu steht freilich der zweite Teil der Predigt im Widerspruch. Aber, wenn Eckhart in mystischer Sprache redet, kann er das Unaussprechliche nur widersprüchlich sagen.

Exkurs: Gottes Sein ist mein Leben
[105,4 – 106,3]

Eine Art Exkurs über *leben* endet bei Gottes Sein. Der Neubeginn wird durch Weish 5,16 markiert. Während vorher der Frage nach Gerechtem und Gerechtigkeit nachgegangen wurde, muss Eckhart jetzt untersuchen, was Leben ist. Das ist seine uns bereits bekannte Predigtmethode (literam punctare).

Leben wird *under allen dingen* am meisten geliebt und begehrt, selbst wenn *es noch sô boese noch sô swaerlich* ist. Sogar die peinvollste Form eines Lebens, das dem Tode nahe ist, *sô wil ez leben* (105,8). *Sô begirlich ist daz leben in im selber daz man ez umbe sich selber begert* (10f.). Wer gefragt wird: *Warumbe lebest du (izzest du; slaefest du)?«*, der kann nur tautologisch antworten: *Umbe leben* (10), ohne einen Grund nennen zu können.

Wieder wird als Extremfall auf die verwiesen, *die in der helle sind in êwiger pîne* (12), auch sie wollen leben, wobei wieder *viende noch sêlen* (mit unterschiedlichem handschriftlichen

Befund) nebeneinander gestellt sind, obwohl der Sinn von Teufel für *vient* nur einmal (mit hoher Wahrscheinlichkeit) zutrifft. Soll für die Teufel auch gelten: *wan ir leben ist so edel, daz es sunder allez mitel vliuzet von gote in die sêle* (13f.)? Die Seele, erfüllt von dem edlen Leben Gottes – hier kann nur von Menschen die Rede sein.

Damit führt Eckhart seine Erwägungen über »Leben« zum Ziel. *Waz ist leben? Gotes wesen ist mîn leben* (106,1f.). Daraus folgt, dass *gotes sîn mîn sîn und gotes isticheit mîn isticheit* (ist), *noch minner noch mêr* (106,2f.).

Leben in Ewigkeit bei Gott [106,4 – 109,2]

Mit der Zitation des Johannes-Prologs erfasst der Blick des Autors den eingebornen Sohn. »Bei Gott«, worum es im Folgenden geht, kommt von Johannes 1,1: *»daz wort was bî gote«*. Bei Gott bedeutet: neben ihm, nicht darunter noch darüber. Als Beispiel hierfür dient die Frau, *von des mannes sîten darumbe daz si im glîch waere* (107,1): Seite, nicht Haupt noch Füße (Beine), neben ihm, ihm gleich. *Alsô sol die gerehte sêle glîch bî gote sîn und bî neben gote, rehte glîch, noch unden noch oben* (3f.). *Glîch bî* und *bî neben* intensivieren die Aussage; es begegnet selten.

Glîch wird zur »Isotopie« (linguistisch gesehen: zum Wort, um das es geht): es begegnet von 106,4 bis 107,8 (12 Zeilen) 16-mal und wird so unüberhörbar. Die Seele ist Gott glîch. 107,5 wird gefragt: *Wer sint, die alsô glîch sint?* Die Antwort ist paradox. *Die niht glîch sint, die sint aleine gote glîch* (5). Denn auch Gott *ist niht glîch, in im enist niht bilde noch forme.* Durch Aufgeben von allem wird man Gott gleich, denn auch Gott ist »nicht gleich« - wem sollte er gleich sein? Das, was andernorts als Namenlosigkeit Gottes erscheint, oder dass er *ein niht* genannt wird, erscheint hier als Verneinung des *glîch*. Verlängerte man Gen 1,26 (Gottes Selbstgespräch, den Menschen zu erschaffen), so sollte das jetzt lauten »lasst uns einen Gleichen machen, nach unserer Nicht-Gleichheit nichts gleich!« So bedeutet, Gott gleich zu sein, nichts anderes, als nichts zu gleichen. Solchen Seelen, *den gibet der vater glîch und entheltet in nihtes niht vor* (107,7).

Durch die Haltung des Menschen, der Gott gleich ist, wird auch sein Verhältnis zum Mitmenschen bestimmt: *si sol ir selber niht naeher sîn dan einem andern* (9f.). Eigene Ehre, Nutzen und was es sei, *des ensol si niht mêr begern noch ahten, dan eines vremden* (10f.). Und was der andere besitzt, *daz sol ir weder sîn vremde noch verre* (11f.).

Die Hineinnahme des Mitmenschen in das *glîch bî gote* (107,3) wird als Abschluss des Gedankengangs mit einer umgekehrten Formulierung des Liebesgebots markiert: *Alliu minne dirre werlt ist gebûwen* (ist gebaut) *ûf eigenminne* (107,12-108,1). Sie gilt es zu »lassen«, so hat man die ganze Welt »gelassen« (108,1-109,1). Mit »lassen« tritt aus dem Schatz der Worte, die Selbstpreisgabe aussagen, neben das fünffache »ausgehen aus sich selbst« ein zweiter Begriff.

Gott gebiert mich als sich [109,2 – 112,9]

Eckhart kehrt zum Johannes-Prolog zurück. Wenn »das Wort bei Gott war und Gott war das Wort« (1,1), so gilt: *Der vater gebirt sînen sun in der êwicheit im selber glîch* (109,2). Darüber hinaus sagt Eckhart: *er hât in geborn in mîne sêle* (4), und zwar *in der selben wîse, als er in in der êwicheit gebirt, und niht anders* (6). Diese Doppelgeburt des eingebornen Sohnes und der

Geburt in meiner Seele ist (wie die Schöpfung) kein einmaliges, vergangenes Ereignis. Er gebiert ihn und mich *âne underlaz* (7). Es folgt eine Steigerung der Lehre von der Gottesgeburt, wie sie an sonst keiner Stelle von Eckharts Werk begegnet. Die Steigerung wird durch dreifaches *mêr* gestuft:

1. *er gebirt mich sînen und den selben sun.* Ich als Sohn bin nicht anders Sohn, als es der eingeborne Sohn ist;
2. *er gebirt mich nicht aleine sînen sun.* Eckhart macht den letzten Schritt, auf der Basis dessen, dass ich sein geborner Sohn bin:
3. *er gebirt mich sich
und sich mich und
mich sîn wesen und sîn natûre* (8-10).

Da das Wort (der eingeborne Sohn) Gott war (und ist), so bin auch ich er und er ist ich, und werde in dieser Geburt seines Wesens und seiner Natur teilhaftig. Eckhart schließt an, wodurch dieses noch nie Gesagte möglich wird: durch den Geist Gottes! In dem innersten Quell, *dâ quille ich ûz in dem heiligen geiste. Da ist ein leben und ein wesen und ein werk.* (10f.).[17] Die zweite Hälfte des verurteilten Satzes ist wörtlicher Text von 110,1f.: *Allez, waz got würket, daz ist ein; dar umbe gebirt er mich sînen sun âne allen underscheit.* Der verurteilte Satz hat die Form einer Schlussfolgerung: Da ja Gott nur ein Werk wirkt (und in diesem einen Werk alles wirkt), deshalb zeugt (oder *gebirt*: gleiches Wort!) er mich als seinen Sohn ohne jeden Unterschied (zu seinem eigenen göttlichen Leben und Wesen), an dem der eingeborne Sohn in gleiche Weise teil hat. Leibliche Vaterschaft ist dem gegenüber nichts Eigentliches: *an einem kleinen stücke sîner natûre* war ich mit meinem Vater verbunden, jetzt aber gilt: *ich bin gescheiden von im* (110,3).

Ohne eigene Häresien produzieren zu wollen, meine ich, es gelte dieser Satz natürlich auch, falls Josef der leibliche Vater Jesu wäre (was zu bejahen ich keine Kompetenz habe).

Trotz dessen, dass ich einen leiblichen Vater habe, *ist der himelische vater waerlîche* (wahrhaftig) *mîn vater* (4) mit allen Konsequenzen:

➤ ich bin sein Sohn;
➤ alles, was ich habe, habe ich von ihm;
➤ ich bin derselbe Sohn (wie der eingeborne Sohn) *und niht ein ander* (4-6).

Weit über des Augustinus psychologische Trinitätslehre, die ja nur ein (unzureichendes) Bild der Trinität zeichnet, ist bei Eckhart das Ich in die Trinität wesentlich aufgenommen. Die in der Bulle inkriminierte zweite Satzhälfte von 22 wird mit geringem Unterschied *(würket er mich sînen eingebornen sun âne allen underscheit:* 6f.) wiederholt. Die Klammer um diese noch nie formulierte Gottesgeburts-Lehre ist geschlossen.

Dieses Gezeugtwerden oder Gewirktwerden wird unter Gebrauch des Verbums *metamorphôusthai* (Metamorphose!) auch von Paulus in 2 Korinther 3,18 ausgesagt: »Wir alle aber, die wir mit enthülltem Angesicht (und nicht verhüllt wie Moses) die Herrlichkeit des Herrn schauen, werden in dasselbe Bild verwandelt (sc.: die Herrlichkeit Gottes) von Herrlichkeit zu Herrlichkeit gleichwie (gewirkt) vom Herrn des Geistes (der nach 2 Kor Christus ist).« Ist der »Verwandlungsprozess zur göttlichen Herrlichkeit«, den Paulus lehrt, der ein Text der Heiligen Schrift ist und darum für die Überlieferung maßgeblich ist, von Eckharts Gottesgeburt im Letzten verschieden? Aus dem eben zitierten Paulustext entwickelt Eckhart das *glîchnisse* (111,1) der eucharistischen Verwandlung.

Dort *wirt brôt in unsers herren lîchamen* verwandelt – wie viele Brote es wären, *sô wirt doch ein lîchame* (111,1f.). Der angeschlossene Vergleich *waeren alliu diu brôt verwandelt in mînen vinger* (3) wirkt etwas prosaisch und hat nur die Aufgabe, die folgende Aussage zu unterstreichen: *Waz in daz ander verwandelt wirt, daz wirt ein mit im.* Das ermöglicht die sofort angeschlossene Folgerung: *Alsô wirde ich gewandelt in in, daz er würket mich sîn wesen ein und glîch* (5-7)[18]. Eckhart schließt eine Beschwörung an: *bî dem lebendem gote sô ist daz wâr, daz kein underscheit enist* (7).

Als der eingeborne Sohn (*âne underlaz* je neu geborn) hat der Sohn alles und empfängt nichts mehr vom Vater. Empfangen hat er während der Geburt. So ist es auch mit uns; wir können nichts mehr von Gott begehren *als von einem vremden*. Für unser Verhältnis zu Gott und Christus (gelegentlich spricht Eckhart ungeniert, als wäre er Monophysit oder hätte für das neue Lektionar Fürbitten verfasst) gilt: *Ich enhân iuch niht geheizen* (genannt) *knehte sundern vriunde* (Abschiedsreden – Johannes 15,14f.; s. 114,4f.). Wer aber etwas vom andern begehrt, der ist Knecht, und wer gibt, ist Herr. *Ich wil mich harte wol beraten, wan dâ ich von got waere nemende, dâ waere ich under gote als ein kneht* (7f.). Harte wohl will Eckhart es sich überlegen, um dann Nein zu sagen. *Alsô ensuln wir niht sîn in dem êwigen lebene* (9).

Schluss: Zu Gottes Feuer geworden
[113,1 – 115,6]

Das Folgende ist weder sprachlich schön noch handschriftlich einheitlich bezeugt. Es ist, als hätte Eckhart im Vorhergehenden sich verausgabt. Eckhart erinnert an das, was er *einest alhie* gesagt hat.[19] Man soll nichts von außen her in sich »ziehen und nehmen«. Auch Gott »versteht« man nicht *ûzer im sunder als mîn eigen* (113,2f.). Es geht um keinen Dienst und kein Wirken, weder um Gott (von außen!) noch um seine Ehre,[20] *noch umbe nihtes niht* (überhaupt nichts), *daz ûzer im sî* (113,4f.), sondern nur *umbe daz, daz sîn eigen wesen und sîn eigen leben ist in im.* Das hebt ein Gegenüber von Gott und Mensch, eine Dualität, auf. Es ist einfältig, wenn manche (für die Ewigkeit) erwarten, *sie süln got sehen, als er dâ stande und sie hie. Des enist niht. Got und ich wir sind ein* (6f.). Mit Erkennen nehme ich Gott in mich hinein, mit Liebe gehe ich in Gott ein! Alsbald wird darauf verwiesen: es liegt nicht *aleine an willen* (114,1). Ohne dass er es hier ausspricht, gibt Eckhart Vernunft *(bekanntnisse)* den ersten Rang. *Daz würken und daz werden ist ein.* - Es folgt das wiederholte Gleichnis vom Zimmermann, der nicht wirkt. – *Got und ich wir sint ein in diesem gewürk: er würket und ich gewirde* (4f.). Gegenüber den Gleichheitsaussagen von S. 109 wird hier das Paradox gewissermaßen wieder normalisiert: Gott ist der Wirkende! So wie nicht das Holz das Feuer verwandelt, *mêr: daz viur verwandelt daz holz in sich* (114,6-115,1). Wir sind das Holz, das zu Gottes Feuer wird. Zu Feuer geworden werden *wir in bekennen* (erkennen) ..., *als er ist* (115,2). Und – wie Paulus 1 Kor 13,12 sagt – wir werden ihn erkennen *rehte ich in als er mich, noch minner noch mêr, glîch blôz* (3f.).

Mit der nochmaligen vollständigen Zitation von Weisheit 5,16 und einer zum Text passenden Schlussbitte endet die Predigt.

3
Abschließende Bemerkungen

Mir scheint, dass in der Vorbemerkung ins Auge Gefasste ist im Wesentlichen erreicht.

Gerechtigkeit (als Gott) und Gerechter (als der Mensch im Willen Gottes) sind ein wenig verständlicher geworden. Die ungeheure Betonung des Einswerdens mit Gott und der Gleichheit mit ihm, die den Richtern in Avignon häretisch schienen, haben wir präzise zu erfassen versucht. Es ist nicht die Sache des Autors, der Verurteilung zuzustimmen; auch braucht ihn Eckhart nicht zu seiner Verteidigung. Wenn das eigentlich Unsagbare nach der Formulierung sucht, so nehme man das als einen Hinweis. Paradoxien und Widersprüche gehören zur mystischen Sprache. Im Schlussteil der Predigt kommt der Vorrang des »wirkenden Gottes« wiederum zum Vorschein. Auch Johannes und Paulus konnten in ihren mystischen Partien nicht ohne Widersprüche aufweisen, wie unerkennbar Gott ist: Welcher Hierarch hätte das Recht zu kritisieren, dass Johannes nebeneinander stellt: »Der Vater ist größer als ich (14,28); Ich und der Vater sind eins (10,30).«

So steht es auch um Predigt 6, die letzte, vollendete mystische Theologie des Meisters repräsentiert, ähnlich wie die Armutspredigt 52 und der schwierige Mittelteil des »Liber › Benedictus‹ «,[21] nur wohl etwas einfacher, weil eindeutiger.

Eckhart bereitet vielen heutigen Lesern Probleme, weil sie sagen: »Das, was er fordert kann und will ich nicht leisten.« Die in der Tat anspruchsvollen Ausführungen des Meisters sind nichts anderes (jedenfalls für den Laien, der keinem Orden angehört) als ein Signal, das uns daran erinnert, was wir sein könnten und was uns vielleicht einmal zu dem Zeitpunkt, der für uns der richtige ist, geschenkt werden wird. Jedenfalls ist es erwünscht, dass jeder gute Mensch ein »Gerechter« ist oder sich auf den Weg dazu begibt.

Anmerkungen

Vorwort

1 DW,5 (Diese Abkürzung und Zahlenangaben beziehen sich hier und weiter auf die kritische Ausgabe Quints der »Deutschen Werke«); vgl. Meister Eckhart, Alles lassen – eins werden (hg. G. Stachel), München 1992, ²1996, 59-114.
2 Zur Information über diese großartige Begine: K. Ruh, Geschichte der abendländischen Mystik II, Frauenmystik und franziskanische Mystik der Frühzeit, München 1993, 338-371.
3 K. Ruh fundiert seine »Geschichte der abendländischen Mystik« auf diesen Orientalen, den der Osten nicht rezipiert hat, der aber für das Abendland grundlegend wurde (vgl. Band I, »Dionysius Areopagita«, 31-82, a.a.O., München 1990).
4 Weil er auch körperlich ist, ist es nicht »gänzlich so«.
5 Quint, DW, 1,280.
6 Auf die mystische Bedeutung der Zahl verweist wiederholt Simone Weil, die wohl größte Mystikerin unseres Jahrhunderts. Bekanntlich konnte sie sich am Beginn ihres Studiums nicht zwischen Philosophie und Mathematik entscheiden und warf ein Münze, die für Philosophie entschied. Pythagoras, der bei seiner geometrischen Arbeit getötet wurde, ist für Weil eine der Inkarnationen Gottes.

Predigt 17

1 *einvalticheit:* nach Lexer I, 530 ist eine mögliche Übersetzung »Einheit«.
2 Unsere Übersetzung folgt zwei Zeilen den Handschriften Str$_3$ und Mai$_1$. Siehe DW 1, Apparat zu 1-, 286.
3 Theologisches Wörterbuch zum NT, IX, 643.
4 U. Lutz, Das Evangelium nach Mt, I/2, 490f.

5   IV, 694f.
6   N. Largier (Hg.), Meister Eckhart, Werke I (Bibliothek des Mittelalters, Band 20) Frankfurt a.M. 1993, 912.
7   Enthalten in: Lectura Eckhardi, hg. von G. Steer und L. Sturlese, Stuttgart 1998, 75-95.
8   5,276, 5f. – vgl. »Meister Eckhart – alles lassen – einswerden«, München 1962, 59-71.

Predigt 83

1   Weder Quint noch Largier nennen eine Quelle für die drei niederen Kräfte. Aristoteles, De anima?
2   440,2-4 und 447,6 habe ich die Interpunktion geändert, weil dies eine sinnvollere Übersetzung ergibt. Die eine, einzige mittelhochdeutsche Handschrift ist ohnehin ohne Interpunktion geschrieben. – Nachzutragen bleibt noch, dass neuere Forschungen geklärt haben, woher Eckhart stammt. Nach Erika Albrecht, Zur Herkunft Meister Eckharts, Amtsblatt der Evangelisch-Lutherischen Kirche in Thüringen, 31 (1978) Nr. 3 hatten die Vorfahren Eckharts Besitz in Hochheim südlich von Gotha. Sie erlangten dadurch den Familiennamen »von Hochheim«, der ihnen blieb, als sie nach Tambach (wiederum in der Nähe von Gotha) umzogen. Im Adel, auch im niederen, Namen weiterzugeben, war üblich. Der Name Eckhart tritt in der Familie gehäuft auf.
3   Vgl. H. Schlier, Der Brief an die Epheser, Düsseldorf ³1962, 220; R. Schnackenburg, Der Brief an die Epheser, Zürich / Neukirchen 1982, 204.
4   Quint verzichtet darauf, die bei ihm übliche Orthographie zu verwenden: »sêlen«; »glîch«; »ûzvliezend«. Letzteres Wort hat Quint im Wörterverzeichnis zu Band 3 »übersehen« (438,1ff.).
5   Persischer Philosoph des elften Jahrhunderts, der Aristoteles auf dem Weg über Spanien an die Sorbonne vermittelt hat, wo ihn Thomas und Eckhart kennen lernten.
6   Dionysius Areopagita ist das Pseudonym eines syrischen Theologen (um 500), der in *De divinis nominibus* und *De mystica theologia* die neuplatonische Metaphysik (und Mystik) christia-

nisiert hat. Zur Einführung vgl. K. Ruh, Geschichte der abendländischen Mystik, I, München 1990, 31-82.
7   Die wechselnde Orthographie in der einen Handschrift E₂ ist – gerade für lautes Lesen – recht lästig!
8   Quints Übersetzung »ganz und gar« übertreibt die Nähe von Gott und Seele.
9   Nach Lexer, 1,523 und 525 kann *einic (einec)* einzig bedeuten oder als Zahlpronomen fungieren. Quint versteht es als Letzteres, ich verstehe es als »einzig«.
10 Man vgl. die Klage gegen bereits in Straßburg (nach 1413) begegnende Anschuldigungen, auf die Eckhart im »Buch der göttlichen Tröstung«, DW 5,60,28ff. antwortet.

Predigt 56

1   Bei F. Pfeiffer, Deutsche Mystiker, Band II. Meister Eckhart 1857 u.f., 179-181. Übersetzt in: J. Quint, Meister Eckhart. Deutsche Predigten und Traktate, München 1963, Diogenes Taschenbuch 1979, Predigt 26,271-273.
2   Es ist nicht möglich nach Quint, Handschriften, einen kritisch edierten Text herzustellen. Dies muss DW 4 vorbehalten bleiben.
3   Nach Quint, Die Überlieferung der deutschen Predigten Meister Eckharts, Bonn 1932, fehlt das Eingeklammerte in allen Handschriften außer BT und ist zu streichen. Wie aber soll man dann das Folgende verstehen?
4   Textbesserung Quint, Überlieferung, zu 179,15
5   Diesen Halbsatz hat nach Quint, Überlieferung, die Mehrzahl der Handschriften.
6   Textbesserung Quint, Überlieferung, zu 179,28
7   Textbesserung Quint, Überlieferung, zu 179,33
8   Textbesserung Quint, Überlieferung, zu 179,34f.
9   Textbesserung Quint, Überlieferung, zu 180,1f.
10 Quints Übersetzung in: Meister Eckhart. Deutsche Predigten und Traktate, Pr.26, S. 273 ist absurd: »Ich nehme ein Becken mit Wasser und lege einen Spiegel hinein.« Ebenso wie das Wasserbecken allein ein Spiegel ist, bedarf der Spiegel, so ich einen habe, keines Wasserbeckens, um zu spiegeln. Vgl. das

Spiegel-Becken bei Büttner, 1,141, zitiert von Rudolf Otto, West-östliche Mystik, München 1971, 52f. Wir übersetzen nach Lexer 1,1857 »legen« als »liegen *machen*«! Beachte den Fehler in Quints »Inhaltsverzeichnis«, 546, Pr.26, Noli timere (statt: nolite).

11 Quint u.a. haben die Interpunktion richtig geändert. Der Punkt muss nach »*in der sunnen sunne.*« gesetzt werden (180,38). Ebenso bei »*in gote got.*« (181,1).
12 Gegen Quint behalte ich den Absatz bei, den Pfeiffer macht.
13 Textbesserung Quint, Überlieferung, zu 181,11
14 Textbesserung Quint, Überlieferung, zu 181,13
15 Sinngemäße Ergänzung mit Quint, Überlieferung, 535f., zu 181,13
16 Textbesserung Quint, Überlieferung, zu 181,18
17 Statt »*eine stat*« lese ich »*mine stat*«, was das Folgende verständlich macht.
18 Textbesserung Quint, Überlieferung, zu 181,23
19 Lexer, 1,540 »*ellendecheit*« erkennt bei Eckhart bereits die Bedeutung »Elend«! »Fremde« würde weniger gut passen, was bei Quint übersehen wird.
20 J. Quint. Die Überlieferung der deutschen Predigten Meister Eckharts, Bonn 1932.
21 Die zitierten Textstellen werden im Folgenden (mit »Überlieferung«) nach Pfeiffer 1857 gezählt.
22 Dieselbe Aussage wie in Pr. 17 (DW) »*âne nâmen, unsprechelich*«. Nicht immer unterscheidet Eckhart so deutlich zwischen Gott und Gottheit wie in Pr. LVI. Manchmal sagt er »*got*« und meint »*gotheit*«.
23 Die Übersetzung »Sein« (Quint) ist möglich, trifft aber den Sinn weniger gut.
24 Quint, Predigten, 273
25 Das die Sonne widerspiegelnde Wasserbecken kommt auch bei Dante vor, ohne dass ich den Fundort belegen könnte.
26 Besser wird »*wesen*« als »Wesen« übersetzt. Quint: »Sein«.
27 Bagavad-Ghita, 15

Predigt 30

1. Lexer, III, 991 sieht als Übersetzung von *wunderlich* das seit dem Erscheinen seines Wörterbuchs (1857) zunehmend ungebräuchliche »wunderbarlich« vor. »Wunderlich« (Quint) hat nicht den Ernst des Kontextes. Da auch »wunderbar« nicht ganz eindeutig ist, wird im Folgenden das Substantiv »Wunder« in verschiedener Konstruktion verwendet.
2. Die Konjektur Quints gegen alle Handschriften ist entbehrlich.
3. Vgl. Meister Eckhart, alles lassen – einswerden, München ²1996, 115-138.

Predigt 12

1. Erstveröffentlicht in Th.Qu. 176 (1996) 3. an dieser Stelle erweitert. *Qui audit me* - »Wer mich hört«.
2. Der mittelhochdeutsche Text findet sich in DW 1, 192-203.
3. Vgl. die ausführliche Darstellung von J. Quint in: DW 5,6f. und 131-133ff. Quint selber entscheidet sich für eine Entstehung nach 1303.
4. K. *Ruh*, Meister Eckhart. Theologe – Prediger – Mystiker. München ²1989, 117.
5. »... So müssen sie ihrer selbst entbildet werden und in Gott allein überbildet werden und in Gott und aus Gott geboren werden, dass Gott allein Vater sei, denn genau so sind sie auch Gottes Söhne und Gottes eingeborener Sohn. Denn alles dessen bin ich Sohn, das mich nach sich und in sich (als) gleich bildet und gebiert.«
6. Zum Ausgeführten vgl. A.M. Haas, Sermo mysticus. Studien zu Sprache und Theologie der deutschen Mystik. Freiburg i.Ue. 1979, 194f.; zum »Seelengrund« vgl. 208. – A.M. Haas ist übrigens auch der Übersetzer und (ausgezeichnete) Interpret von Predigt 12 in »Lectura Eckhardi«. Predigten Meister Eckharts von Fachgelehrten gelesen und gedeutet, hg. v. G. Steer und L. Sturlese, Stuttgart u.a. 1998, 25-41.
7. Predigt 12 betont die *einicheit* und *glîcheit* der Seele mit Gott und versteht sie als nicht geschaffen. In Parallele dazu (aber für

Inquisitoren eher weniger anstößig) heißt es in Predigt 6: *Alsô wirde ich gewandelt in in* (= in ihn: Gott!), *daz er würket mich sîn wesen ein un(d) glîch* (dass er mich wirkt als seinem Wesen eins und gleich); *bî dem lebenden got sô ist das wâr, daz kein underscheit enist* (dass da kein Unterschied mehr ist: 1,111,6f.). Alle Handschriften haben *ein und glich* oder *ein un glîch*. Quint hält eine Konjektur für nötig und ändert: *ein unglîch*; er übersetzt: »(und zwar) als eines, *nicht* als gleiches« (1,450), worin ihm Germanisten und Theologen (Welte) folgen. *Niklaus Largier*, Meister Eckhart, Werke I. Frankfurt a.M. 1993, 84, setzt ein Komma: *ein, unglîch*. Das mag sprachlich besser sein, aber räumt doch den Kontrast zum folgenden Nebensatz nicht aus: kein Unterschied mehr zwischen Gott und der Seele. Als Grund nennt Quint die Akten des Kölner Prozesses und die Constitutio »In agro dominico«, wo die Stelle lateinisch wiedergegeben ist: *quod ipse me operatur suum esse unum, non simile«* (Enchiridion symbolorum, 510). Unter »Textkonstituierung« (97) zu eben dieser Predigt schreibt er: »Dass die Texte der › Rechtfertigungsschrift‹ , des › Gutachtens‹ und der › Bulle‹ auch sonst nicht unbedingt verlässlich sind ...«

Abgesehen davon, dass diese Lesart mit dem Gesamt der Predigt nicht harmoniert, werden in der Constiutio selbst andere Sätze aus Eckharts Predigten verurteilt, die Gleiches oder Ähnliches vertreten, wie die Aussage, etwas in der Seele sei kraft göttlichen Wirkens »*glîch*«.

Mir scheint, der Übersetzer ins Lateinische hat den mittelhochdeutschen Text falsch gelesen: *ein un glîch*, was ein Teil der erhaltenen Handschriften bietet, braucht nur (in der vom Übersetzer benutzten Handschrift) einen geringeren Abstand zwischen *un* und *glîch* zu haben. Kommt hinzu, dass der Leser den Inhalt nicht nachvollziehen kann, so ist die Fehlübersetzung »unum non simile« naheliegend.

Um eine solche Fehlübersetzung aufzudecken, hätte Eckhart seinen mittelhochdeutschen Text haben müssen. Kann das vorausgesetzt werden? Zudem gilt doch wohl: anstößiger als das *simile* ist das *unum*. *Unum et simile* böte die Möglichkeit, dass *unum* nach Gen 1,26 als Auslegung der »similitudo« zu verstehen: »Faciamus hominem ad imaginem et similitudinem nostram.« Gen 1,26 ist eine der Schriftstellen, auf die sich Eckhart besonders oft bezieht. Wenn er im Blick auf Gott und die Seele von »glîcheit« spricht, ist die »similitudo« gemeint. *Haas* (s. Anm. 5) nennt – wie mir scheint: fälschlich – auch »äqualitas« als Pendant (221). Das freilich würde Gott und Mensch identisch machen und die Analogie aufheben.

8 »Etwas in der Seele ist Gott so verwandt (mhd. *alsô sippe*), dass es Eines ist (mit ihm) und nicht (erst) vereint (werden muss).«
9 »... Hat Gott Lust und Genügen, wenn er Gleichheit findet.«
10 Dort, im Seelengrund hat Gott »eine vernünftige Welt geschaffen« und in sie »aller Dinge Bilder« hineingebildet: vgl. Predigt 17, Qui odit animam suam s.o., 288,7-298,8: vgl. 290,5-291,5.
11 So in der – wohl aus der späteren Erfurter Zeit stammenden – Predigt »*Et cum factum esset Jesus ...*« (*Franz Pfeiffer*, Deutsche Mystiker des 14. Jahrhunderts. Bd. 2: Meister Eckhart. Leipzig 1857. Neudr. Aalen 1962, 24-29.
12 Der Religionsphilosoph und Theologe *Martin Buber*, der in Sachen Mystik gewiss ein unverdächtiger Zeuge ist, gibt eine Bestimmung von Mystik, der ich mich gern anschließe. Für ihn ist sie ein »Erleben der Seele« »als ... die Einheit und das Einswerden der Seele mit dem in sich wesenden Gott verstanden, der, um in die Wirklichkeit der Welt einzugehen, immer wieder in der Seele geboren wird« (*Martin Buber*, Gottesfinsternis. Betrachtungen zur Beziehung zwischen Religion und Philosophie. Zürich 1953, 104). – Buber verwendet diese Formulierung in der Auseinandersetzung mit der »Gnosis« von C.G. Jung.
13 Predigt 15 vollendet die Paradoxie, Gott könne für den Menschen, der ihm ganz gehört, höllische Pein vorsehen: *Ja bi got: waer dirre mentsch in der hell, got muost zuo im in die hell, und die hell muost im ain himmelrich sîn* (1,246,18-20). – »Ja, bei Gott, wäre dieser Mensch in der Hölle, Gott müsste zu ihm in die Hölle, und die Hölle müsste ihm (dadurch) ein Himmelreich sein.«

Predigt 6

1 Quint zieht »Hilfe und Besserung« für die im »Fegfeuer« (typisches Gebet für sie!) zu *und ... den, die noch lebent*, bringt aber aus seinen Handschriften keinerlei Gegenstand des Bittens für die »Lebenden« her. Nach Lage der Sache muss man also auf die »noch Lebenden« verzichten.

2 Da ich die Übersetzung von *viende* mit Teufel nicht nachgewiesen finde (an allen andern sieben Stellen in DW, wo *vient* vorkommt, ist mit »Feind« zu übersetzen), lasse ich *menschen oder viende* unübersetzt.

3 Gegen Eckharts Übersetzung des lateinischen Textes gebe ich das »animat« des Bernhard mit »beseelen« wieder.

4 Die Probleme, die Eckhart mit dem aussagekräftigen Wort des Augustinus hat, rühren wohl daher, dass »Vernunft« bei ihm vor »Liebe« rangiert. Auch »Gerechtigkeit« soll »verstanden« werden, wozu »Vernunft« gehört.

5 Die handschriftliche Vermittlung von *noch viende noch sêlen* ist so ungenau und der Sinn jeder Übersetzung ist so fraglich, dass ich auf eine Übersetzung verzichte.

6 Im »Johanneskommentar«, 5 (LW 3,7,2ff.) verwendet Eckhart für dieses Sein die Qualifikation »in aequalitatem«!

7 Ich biete Quints Text. Der Text von Bra$_2$ entspräche jedoch »dem Haupt« und »den Füßen« besser: *dar umb das si noch under im noch ob im waer sunder daz si im glich waer* (107, Apparat zu 2).

8 Gegen alle Handschriften ändert Quint *ein und glîch* in *ein unglîch* weil die lateinische Übersetzung im Prozess lautet: *unrum, non simile* (s.o.). Vgl. Anm. 7 zu Predigt 12, S. 147 f..

9 Handschriftlich uneinheitlich bezeugt.

10 Das Zitat ist ungenau.

11 In »Meister Eckhart«, ²1989, hat der Verlag eine Zeile mitten in der Argumentation weggelassen, sodass man meinen muss, der Autor haben einen verwirrten Satz geschrieben.

12 Hugo Rahner, Die Gottesgeburt, in: ZfkTh. (59) 1953; Bernhard Welte, Meister Eckhart. Gedanken zu seinen Gedanken, Freiburg 1979.

13 Bibl. des MA, Bd. 20, Frankfurt a.M. 1993, Meister Eckhart, Werke I, S. 808.

14 *hilfe und bezzerunge* sind typische Worte des Gebetes für die armen Seelen. Quint bezieht das auf *den, die noch lebent.*
15 103,5 heißt es: *menschen oder viende.* Für den Teufel hat das Mittelhochdeutsche ein eigenes Wort. Ich sehe den Sinn nicht, dass in der Hölle *menschen oder viende* unterschieden werden. Der Text ist übrigens handschriftlich nicht sehr solide.
16 Quint übersetzt: »Wer die Lehre von der Gerechtigkeit und den Gerechten versteht, der versteht alles, was ich sage.«, S. 453.
17 Die Apostolische Konstitution von 1329 verurteilt als 22. Satz: Pater generat me suum filium et eundem filium (s.o. 1.). Quidquid deus operatur, hoc est unum, propter hoc generat ipse me suum filium sine omni distinctione (s.o. 110,1f.).
18 Die Konjektur Quints »eines, nicht als gleiches« hat den Kontext der »unerhörten« Aussagen von 109,2 bis 111,6 aus dem Auge verloren.
19 Wegen gleicher Aussagen im Sapientia-Kommentar und im Johannes-Kommentar, die vorher verfasst sein dürften, ist Predigt 6 nach 1313, also für Straßburg oder (eher noch) für Köln anzusetzen.
20 Warum Quint *sîn êre* (113,4) als »des Menschen Ehre« übersetzt, leuchtet nicht ein. Wenn nur *sîn* dasteht, ist ein Wechsel der Person nicht zu vermuten.
21 Vgl. G. Stachel (Hg.), Meister Eckhart. Das Buch der Göttlichen Tröstung / Von dem edlen Menschen, München 1996, 84-97